KB095645

UX 라이팅 시작하기

고객 경험 관리를 위한 메시지 가이드

UX 라이팅 시작하기

권오형 지음

유엑스리뷰

차례

들어가며

메세지 말고 메시지

메시지 (Message)

1. 어떤 사실을 알리거나
   주장하거나 경고하기 위해
   특별히 전하는 말.
2. 문학이나 예술 작품에서
   나타내고자 하는 사상이나
   교훈.
3. 언어나 기호에 의하여
   전해지는 정보 내용.

message의 한글 표기는 메시지다. '메세지'는 그른 표기이다. 이를 구분해 사용하는 사람은 몇이나 될까? 업무를 위해 당연히 알아야 하고 바르게 사용해야 하는 일명 '메시지업자'를 제외하고 말이다. 메시지업을 하면서 나에게는 너무 당연한 게, 당연하지 않은 사람이 많이 있었다. 이러한 사실과 상황에 맞닿았을 때는 상반된 감정이 교차한다. 바로 '우월감'과 '우울감'이다. 다시 말해, 남들은 잘 모르는 사실을 알고 있다는 '지극히 단순한 우월감'과 남들은 잘 몰라도 아무렇지 않거나 중요하게 생각하지 않는다는 '극히 미미한 우울감'이다. 이 책에서는 지켜지면 좋을 일상 언어와 지켜야만 하는 공공 언어에서 바르지 않은 표기를 바로잡는 것뿐만 아니라 메시지를 어떻게 전달하고 소통하는지 하나하나 밝힐 것이다.

국립국어원의 한국어기초사전에는 '메시지'를 세 가지로 정의해 풀이한다. '메시지를 전달하다'와 같이 상대에게 알리는 말, '메시지를 담다'와 같이 의미를 지닌 표현, '시각적 메시지'와 같이 정보를 전하기 위해 쓰인 문자 등을 각각 의미한다. 흔히 글쓰기와 말하기를 한데 묶어 메시지로 구분 없이 사용하기도 한다. 그러나 단순히 글을 쓰는 행위와 메시지는 엄연히 다르다. 어느 하나로 명확히 설명할 수 없어 세 가지로 나뉜 메시지의 뜻풀이만큼 단순하지 않은 셈이다. 그럼에도 메시지는 누구나 다룰 수 있기에 일상 속 가까이 그리고 깊숙이 스며 있다.

현재를 살아가는 우리 모두 메시지의 홍수 속에 살고 있다고 해도 과언이 아니다. 기업이든 개인이든 우리의 눈길이 머무는 곳 어디든 메시지를 쏟아 내고 있다. 그런 탓에 우리의 뇌는 오래전부터 필요 없는 메시지를 걸러 내는 데 최적화되었다. 이런 형

세에서 기업이 문자 언어로 고객과 소통하는 활동을 통틀어 '메시지'라고 한다. 기업은 넘쳐 나는 메시지 속에서 원하는 것을 얻기 위한 무기로 메시지를 택했다. 타깃 고객에게 통할 전략적 무기가 되는 메시지를 잘 뽑아내기 위해 **'메시지(말)에 메시지(사상)를 담는 메시지(내용) 전문가'**를 저격수를 발탁하듯 채용해 온 것이다.

필자는 메시지를 업으로 지금껏 생존해 온 직장인이다. 돌이켜보니 '생존'이라 할 만큼 치열했던 나날들이었다. 기업의 기획 용어가 전략, 전술, 타깃, 공격 등 전장의 전술 용어와 같고, '전쟁에서 살아남기'라는 공통점으로 연결되는 것을 보면 말이다. 필자도 마찬가지로, 살아남기 위해 많은 변화와 도전에 몸을 던져야 했다. 단순하게 직군으로 변화를 나열하면 광고 기획자AE, 카피라이터, 에디터, 콘텐츠 스페셜리스트, 메시지 관리자, 커뮤니케이션 전문가, UX 라이터 등이다. 굵직하게 소속 부서로 나열하면 전략 기획, 콘텐츠, UX, 영업, CS 커뮤니케이션, 마케팅 등이다. 평탄하게 한 분야에서 차근차근 직급과 직위를 쌓아도 되지만, '아직은 일이 좋고 재미있다'는 핑계로 스페셜리스트로 역량 쌓기를 선택해 온 것도 한몫했다.

어느새 10년 차 이상의 회사원으로서, 치열한 생존보다는 매 순간 최선을 다하되 '느긋하고 너그러운 마음의 상태'인 여유를 가지려 의식적으로 노력했다. 그러다 보니 여전히 겪는 변화와 선택에도 제법 '여유'를 부릴 줄 아는 직장인이 되어 있었다. 이제 와서 돌이켜보니 운 좋게도 앞서 얘기한 메시지의 사전적 정의 세 가지에 관련된 직무를 여러 분야의 업을 통해 두루 경험했다는 사실이 새삼 놀랍기도 하다. 한 분야에만 오롯이 있었다면 결코 이런 경험은 가지지 못했을 것이다. 남들보다 다양한 부서에서 역할과 책임을 다했다는 것이 이제는 나만의 장점이자 경쟁력이 되었다. 또한 더 열린 태도와 넓은 시야를 지닐 수 있었던 힘의 원천이 되었다. 다소 복잡해 보이는 직군의 변화들도 알고 보면 '메시지' 한 단어로 간단히 풀이된다. 업의 본질은 다르지 않았기 때문이다. 지금부터 '메시지'로 밥그릇을 채워 온 지 10년 차를 훌쩍 넘긴 어느 사무직 노동자의 썰(說)을 시작한다.

나는 전설 속 동물인 유니콘을 만난 것만큼 운이 좋았다. 최초의 유니콘 기업¹인 '쿠팡', 열 번째 유니콘 기업인 '무신사'에서 전례 없는 빠른 성장 과정을 겪으며 더욱더 중요할 수밖에 없는 고객 커뮤니케이션 메시지 관리 커리어를 쌓을 수 있었다. 메시지업은 소통과 공감, 성과와 관리를 위해 메시지를 작성하고, 대내외에 노출하는 일을 말한다. 고객 만족을 최우선으로 하는 쿠팡과 파트너와의 성장을 중요시하는 무신사는 다소 다른 결의 가치를 강조했지만, 소통이라는 메시지의 필요성은 같았다. 소통에서 가장 중요한 요소를 꼽자면 '전달성'이다. 이를 위해 메시지는 '가독성'을 충분히 갖춰 '이해도'를 높여야 한다.

전달 목적에 따라 타깃 고객의 관심을 끌기 위한 '흥미성', 부정 이슈를 방지할 '안전성', 고객 경험을 고려할 수 있는 '편의성' 등을 더할 수 있다. 이러한 요건을 고루 갖춘 메시지를 각 상황에 맞춰 도출하고 노출하기란 쉽지 않다. 그렇기 때문에 실무자는

---

1 주식 시장에 상장하지는 않았지만, 기업 가치가 10억 달러(약 1조 원) 이상인 기업에 대한 통칭이다. 이는 상장 전 기업 가치가 10억 달러에 달하는 것은 유니콘처럼 상상 속에서나 있을 법한 일이라는 의미도 된다. 대기업에 준하는 규모와 성장 가능성에 대한 기대 및 판단의 잣대가 되기도 한다.

경험이 많은 선임이나 메시지 관리자의 감수를 최종 단계로 거치게 된다. 그러나 메시지를 크로스 체크해 줄 메시지 스페셜리스트나 책임자에게 넘어가도 문제는 끝나지 않는다. 감수(교정/교열/윤문)된 결과가 처음 기획 의도와 달라졌거나, 기대한 수준과 다르면 다시 처음부터 커뮤니케이션해야 하기 때문이다. 특히 긴급하게 진행하는 업무라면 만족스러운 결과물과 빠른 감수 피드백이 어렵다. 따라서 계획된 일정으로 진행이 힘든 순간도 생기게 된다.

물론 명확한 기획으로 메시지의 목적과 검토 방향을 이해하기 쉬워 진행에 문제가 없거나, 메시지 담당자가 그 업무만 전담한다면 더할 나위 없이 좋을 것이다. 하지만 현실은 그렇지 않다는 것을 우린 너무 잘 알고 있다. 필자도 조직에 속한 근로자로서 많이 겪어 본 상황이기에 더욱 공감한다. 믿고 맡길 수 있는 메시지 전문가가 있다면 그나마 다행이다. 대부분 메시지 전문 인력이 따로 존재하지 않거나, 관리 책임을 떠맡은 비전문가 실무진은 하루하루 처리해야 할 업무를 쳐내기에도 바쁘다. 그 결과 별도의 감수 과정 없이 고객과 바로 커뮤니케이션할 수밖에 없다. 제대로 검토되지 않은 채 잘못 노출된 메시지가 대중의 질책을 받고 기업과 브랜드의 이미지를 떨어뜨린 사례는 너무도 많다. 따라서 '고객 경험을 위한 UX 라이팅'은 매우 중요하다.

카피라이팅이나 글쓰기 스킬 또는 감성 에세이 영역의 글쓰기 관련 도서는 이미 많이 존재한다. 하지만 기업의 메시지에 대한 본질을 파악하고 실무에 도움을 줄 도서는 찾기 어렵다. 또한 현재 가장 빠르게 성장하는 UX 라이팅 메시지 관리 분야에서 참고할 만한 문법서도 없었다. 이러한 현실이 이 글을 쓰기 시작한

계기다. 정보의 바다에 흔해 빠진 원론들보다는 실무에 가까운 참고서가 있었으면 했다. 그러면서 글쓰기와 연관 지어 제목부터 근사하게 뽑아낸 인문학서, 알기 어려운 이론들로 꽉 찬 전문서보다는 에세이처럼 가볍게 읽혀도 제대로 남는 책 한 권이 되었으면 한다.

이 책에서 메시지를 바로 알고, 바로 쓰고 바로잡기를 바라는 대상은 기업의 메시지 생산자와 관리자다. 당신이 몸담고 있는 회사나 브랜드를 위해 관리하는 어떤 형태의 메시지든 고객에게 노출되고 있다면, '이런 것도 잘못 썼네'가 아닌 '이런 것도 제대로 쓰네'가 되길, 협업하는 동료, 선후배, 리더에게 '역시 메시지 전문가는 다르네'를 자주 듣길, '메시지 전문가가 있어서 다행이네'가 최고의 칭찬이길 바란다. 필자의 야망을 감히 대놓고 말하자면, 관련 현업 종사자나 UX 라이팅을 목표로 하는 이들의 필독서가 되어 메시지와 관련된 실무에 도움이 되길 바란다.

이 책은 철저한 고객 가치 중심으로 소셜커머스에서 이커머스로 변화한 '쿠팡', 파트너 동반 성장 중심으로 패션 커뮤니티에서 패션 스토어로 도약한 '무신사' 등 이커머스업계를 압도적으로 리드하는 두 회사에서 대고객 메시지를 관리해 온 실무자의 업무 노트이다. 동시에, 업무를 통해 배운 것, 업무에서 자주 활용한 것, 다음 업무에도 잊지 않고 싶은 것들을 정리한 메모장이다. 글로 먹고살기 위해 무엇이든 메모했던 메모광의 '메모리'이자 '메모 리스트'이다. 거룩한 의미를 지닌 '진리의 깨달음'보다는 거침없이 써 내린 기록들의 모음에 더 가깝다. 나 역시 필요할 때마다 펼쳐보고 다시 확인하는 작업 노트인 셈이니, 실무자의 노트를 훔쳐보는 재미도 있을 것이다

바로

알다

일의 이치나 원리 등에 맞게,
지식을 갖추다.

메시지에 정답은 없다. 생각을 문자로 담아낸 것이 글쓰기(메시지)인데, 어찌 생각에 정답과 오답을 논할 수 있을까. 저마다 겪어 온 환경이 다르고, 가치관과 어투가 다르듯이 글쓰기 역시 사람마다 고유의 톤이 있다. 글쓰기에는 이러한 언어 습관이 투영되기 때문에 어떤 글이 정답이라 정의하기 어렵다. 그럼에도 글쓰기는 프로만큼의 책임감과 전문성이 누구에게나 요구되는 시대다. 특히 기업은 더 그렇기 때문에 메시지의 본질과 기준을 잘 알고 사용하는 것이 중요하다. 메시지와 관련된 업무를 하며, 동료나 선후배, 협업 실무진에게 가장 많이 들어온 말이 있다. "대고객 메시지를 쓸 때마다 확신은 없고, 부담감만 커진다."라는 말이다. 필자와 같은 메시지 스페셜리스트이거나 글쓰기가 주요 업인 프로라면 좀 다를까? 고민의 단계와 깊이에 다소 차이가 있을 뿐 글쓰기에 대한 어려움과 부담감은 다르지 않다. 다만 어떤 표현이 좋고, 어느 용어가 적절한지 등의 기준이 상대적으로 더 명확하고, 축적된 경험에 의해 그 판단이 빠를 뿐이다.

누구나 글을 쓸 줄은 알지만 제대로 쓰기란 어렵다. 그만큼 업으로서 글은 무겁다는 의미다. 글쓰기 관련 교육을 체계적으로 받았거나, 관련 업을 충분히 경험한 것이 아니라면 더욱 그렇다. 게다가 업무에서 메시지 스페셜리스트와 같은 전문 인력과의 협업에만 의존할 수 없게 된 지 오래다. 메시지 전문가가 아닌 그저 담당자가 쓴 글이 공공에 노출되는 경우가 많이 있다. 그 결과, 우리는 기업과 브랜드들의 크고 작은 메시지 실수와 이슈들을 기사에서 종종 접할 수 있다. 자신이 쓴 메시지로 고객과 소통하는 일이 보람 있지만, 메시지 전문가는 아니기에 부담을 많이 느낀다는 실무자를 직업상 자주 마주한다.

만약 이런 고민을 한 번도 하지 않은 실무자라면, 메시지의 중요성을 미처 인지하지 못하고 있거나 하루하루 바쁘게 업무를 이어 가느라 생각할 겨를이 없었을 것이라 확신한다. 말 그대로 쌓인 업무를 처내느라 지친 당신을 나무랄 사람은 아무도 없다. 다만, 당신이 쓴 글로 인해 대중의 신뢰를 잃게 되었을 때 책임 역시 다른 누구의 탓도 아니라는 것을 알아야 한다. 고객은 해당 기업과 브랜드 실무자의 상황이 어땠는지 과정을 살피지 않는다. 결과인 메시지만 볼 뿐이다. 특히 개인의 소셜 미디어와 달리 기업의 목소리를 대변해 나간 모든 메시지는 당사자를 넘어, 기업의 책임이다. 고객은 당신을 모르지만, 기업과 브랜드는 잘 알고 있다. 기업에서 UX 라이팅이 중요한 이유 중 하나가 바로 이 대목이다.

> "모든 말은 결핍이다. 자신이 표현하고자 하는 바를 다 담지 못한다. 모든 말은 과잉이다. 내가 전하지 않았으면 했던 것들도 전하게 된다."
>
> \- 호세 오르테가 이 가세트*Jose Ortega y Gasset*

메시지와 관련된 업을 하는 사람이라면 누구나 들어봤을 법한 말이다. 스페인의 철학자 '호세 오르테가 이 가세트'의 말에 대한 명언으로, 메시지가 말하는 이의 의도와 상관없이 결핍이나 과잉으로 오해와 상처를 줄 수 있다는 뜻이다. 아무리 잘 쓰고, 잘 말하고, 잘 관리한다 해도 한계는 있다. 이를 인지하고 결핍과 과잉을 최대한 줄이기 위한 방법 중 하나가 '바로 아는 것'이다.

어떤 메시지라도 전달하고자 하는 이가 먼저 바로 알고 있어야 제대로 전해진다. '잘 알지도 못하면서 함부로 말하지 마'라는 말이 괜히 나온 게 아니다.

누구나 쉽게 메시지를 생산하고 전파하는 시대다. 메시지 관련 사건/사고 소식으로 메시지가 확산되는 속도까지 종종 체감하게 되니, 바로 아는 것의 가치는 더욱 높아질 수밖에 없다. 기업의 평판에 막대한 손실을 준 메시지 대부분의 원인은 담당자가 미처 알지 못하는 데 있다. 즉 바로 알지 못해서이다. 메시지 업에서 잘 몰랐다는 것만큼 무책임한 것이 없고, 바로 아는 것만큼 중요한 것이 없다.

UX 라이팅의 동반자

국립국어원 (國立國語院)

국어의 발전과 국민의 언어생활
향상을 위하여 연구, 수행하는
국가 기관.

국립국어원이 있어 다행이다. UX 라이터로서 메시지를 관리하는 사람이라면 국립국어원과 가히 숙명적으로 친해질 수밖에 없다. 매일 들여다보고, 검색하고, 아는 어문 규정도 한 번 더 확인하기 때문이다. 글로 사는 사람에게는 떼려야 뗄 수 없는 관계와 같다. '친하다'의 사전적 의미인 '가까이 사귀어 정이 두텁다'처럼 국립국어원을 정이 생기고 깊어질 정도로 늘 곁에 두어야 한다. 메시지 전문가라도 자주 활용하는 표현 정도만 기억할 뿐 모든 내용을 머릿속에 담고 있을 수는 없다. 글쓰기 역시 자판기처럼 바로 나올 수 있는 것이 아니다. 상황을 파악하고 가장 좋은 표현을 고민할 수 있는 시간적 여유, 일종의 뜸이 필요하다. 이때 국립국어원은 조언자이자 함께 고민하는 벗이 되어 준다.

업으로서 글을 다루는 사람이 아니라면, 포털 사이트의 맞춤법 검사기나 검색 결과 중 뉴스 기사 표기만 참고해도 충분할 수 있다. ㈜나라인포테크와 부산대학교가 공동 개발한 온라인 검사기 역시 많은 도움을 준다. 그러나 기업의 메시지를 직접 다루고 있는 UX 라이터라면 문화체육관광부 '국립국어원'이 서비스하는 사이트에서 추가로 확인할 것을 권한다. 알아보고 싶은 한글 표기의 표기법과 언어 규칙을 더 명확한 해답으로 발견할 수 있다. 언론사의 기사글이라고 해서 맞춤법이 모두 정확하지 않음도 비교하다 보면 알게 된다.

일로서의 글은 기본적으로 정확성을 기해야 한다. 그러나 더 큰 이유는 출처(사물이나 말 따위가 생기거나 나온 근거)에 있다. 소통에는 무리가 없어도, 메시지 실무자라면 단어 하나하나는 물론 문장 표현과 글에서 느껴지는 분위기에도 민감해야 한다. 따라서 '왜 이 단어를 선택했는지, 어떤 목적으로 이런 종결 어미를 사용했는지' 등 글자 하나하나에 이유와 목적이 있어야 한다.

동시에 누구도 의문이 들어서는 안 되는 표현을 사용해야 한다. 예를 들어 네이버에 한글 단어를 검색했을 때 '어학사전' 카테고리에 노출되는 국어사전은 국립국어원의 '표준국어대사전'과 사용자 참여형 사전인 '우리말샘'이 있다. 이때 '우리말샘'의 신조어나 방언, 전문 용어 등을 포함해 누구나 올릴 수 있는 단어도 출처 구분 없이 노출된다. 일반 사용자는 그 차이를 알지 못하고 여과 없이 활용할 여지가 있다. 우리말샘 역시 국립국어원이 주관하고 감수하지만, 일반 사용자가 어휘를 등록하고 편집할 수 있는 '사용자 참여형 온라인 국어사전'이다. 따라서 국어사전에 등록된 공식 단어라고 명확하게 말하기는 어렵다. 다만, 우리말샘에 올라갈 정도로 많이 쓰이고, 국립국어원을 통해 감수된 단어와 표현이라는 점을 인지하여 적절하게 활용하는 것이 좋다.

또한 많이 활용하고 있는 '맞춤법 검사기'는 전체 문맥을 완전히 이해하지 못하거나 기술적 한계에서 오는 오류도 존재한다. 이는 가능하다면 보조 수단으로 사용하는 것이 좋다. 더 높은 공공성과 더 정확한 어문 규칙을 적용하기 위해서는 다른 무엇보다 국립국어원 홈페이지를 이용하는 것이 좋다. 국립국어원 사이트에서 검색했을 때, 같은 단어지만 풀이가 다르게 되어 있어 어떤 것을 기준 삼을지 헷갈릴 수 있다. 이때 '국립국어원에서 주관하는 세 가지 사전'에 대한 정의를 살펴보면 도움이 된다.

- 표준국어대사전: 표준어 규정, 한글 맞춤법 등의 어문 규정을 준수하여 국립국어원에서 발행한 '국어 대사전'
- 한국어기초사전: 한국어 교육의 기본이 되는 어휘를 쉬운 뜻풀이와 다양한 예문으로 수록한 '한국어 학습용 국어사전'
- 우리말샘: 국민이 참여하여 함께 만들고 누구나 자유롭게 정보를 이용할 수 있는 '사용자 참여형 국어사전'

예를 들어 메시지 업무와 연관된 단어인 '글감'을 국립국어원에서 검색하면, 표준국어대사전에서는 '글의 내용이 되는 재료', 한국어기초사전에서는 '글의 내용으로 쓸 만한 이야기의 재료'로 각각 기재되어 있다. 한국어기초사전에서는 어려운 한자어 대신 이해하기 쉬운 풀이나 표현 그리고 다양한 예문이 함께 올려져 있다. 우리말샘에서는 관련 어휘나 상위어, 비슷한말 등 어휘 지도와 같은 추가 정보를 확인할 수 있다. 또한 표준국어대사전과 한국어기초사전에는 없는 실생활 용어, 신조어 등 비교적 고객 친화적 언어까지 정의되어 있다.

표준국어대사전은 국가 기관에서 편찬한 사전인 만큼 표준적인 지위를 지니지만, 다른 사전의 정의 방식을 오롯이 부정할 수는 없다. 언어에 정답이 없는 만큼 다른 관점의 표기와 풀이가 있을 수 있고, 국립국어원도 이를 인정하기도 한다. 다만 공적인 메시지는 되도록 표준국어대사전을 따르는 것이 불필요한 논란을 피하는 길이다. 기본 표기법은 국립국어원의 표준국어대사전을 기준으로 하되, 내부 언어 사용 규칙을 별도로 정해 허용 표현을 정리하는 등 규칙을 정하는 것이 좋다. 끊임없이 고민하면서 메시지의 목적과 쓰임에 맞게 조율하는 것이 메시지 담당자의 숙명이 아닐까 한다.

* 국립국어원에 직접 묻고 답하거나 이전 문답을 검색으로 확인할 수 있는 '온라인 상담(온라인가나다)'이나, 국립국어원에서 직접 운영하는 카카오톡 채널 '우리말365'를 통해 확인하면 올바른 어법의 표현에 도움을 받을 수 있다.

우리만의 말 대신 우리말

바른 언어 생활을 선도하는 국가 기관
빠른 판단에 도움을 주는 국립국어원
다른 무엇보다 언어의 기본이자 기준

UX 라이팅의 주재료

경험(經驗)

해 보거나 겪어 보고 얻은
지식이나 깨달음을 통해
통찰로 이어진 모든 것.

메시지의 재료는 고민과 검증이다. 공들여 생각하고 다시 확인하는 과정을 거쳐야 좋은 메시지가 나온다. 고민은 경험이, 검증은 국립국어원이 도움을 줄 것이다. 앞서 국립국어원에 대해 이야기했으니, 이제 경험에 대해 이야기하려 한다. 급격하게 성장한 그리고 계속해서 변화 중인 두 회사에 몸담다 보니, 자연스레 조직 및 업무에 잦고 빠른 변화를 온몸으로 겪었다. '파란만장, 우여곡절, 변화무쌍, 다사다난'을 단순히 네 글자 고사성어가 아닌 경험으로 오롯이 견뎌온 셈이다. 그러다 보니 **'어떤 것도 쓸모없는 경험이란 없다'**는 진리를 깨닫게 되었다. 당장의 변화가 없더라도 당신이 하고 있는 어떤 것이든 경험이다.

- 쓸데없이 덧붙이는 말:

  인정한다. 고리타분하다. 위의 문장들은 필자가 봐도 충분히 꼰대스럽다.

  꼰대의 의미를 살펴보면, 은어로 '늙은이'를 이르는 말이라 풀이되어 있다. 다시 늙은이의 기준은 무엇일까 사전에 과연 나와 있을지가 궁금해진다.

  인정한다. 집요한 구석이 있다. '늙은이'는 '나이가 많아 중년이 지난 사람'으로 풀이되어 있다. 그럼 '중년'은 어느 나이대를 말할까 알고 싶어 중년의 의미까지 살폈다.

  표준국어대사전에는 중년을 '마흔 살 안팎의 나이 또는 그 나이의 사람. 청년과 노년의 중간을 이르며, 때로 50대까지 포함하는 경우도 있다'고 풀이한다.

세밀한 풀이에 대해 한 번 놀라고, 이런 풀이와 기
준에 맞춰 통상적인 꼰대의 나이대와 내 나이가
맞아떨어지니 또 한 번 놀랐다.
인정한다. *마흔 살에 가까운 필자의 나이로만 봐*
도 어쩔 수 없는 꼰대다.

특히, 업에서는 더욱더 경험이 스승이다. 어느 순간 사회생활의 마음가짐을 넘어 세상살이의 지론까지 된 이 말에 격하게 공감한다. 학부 시절로 거슬러 올라가 보면 신문방송학을 전공하며 다양한 매체에 대한 이해를 기본부터 착실히 쌓을 수 있었다. 그래서 방송/신문/광고/디지털 미디어 등과 관련된 실무를 바로 접해도 부담감이 없었다. 매스 미디어**mass media**[1]로 접할 수 있는 거의 모든 영역의 메시지를 이미 이론과 실습으로 경험했으니 어쩌면 당연했다. 전공을 살려 업을 삼은 이들은 모두 공감할 당연한 얘기다. 그땐 몰랐던 진로 선택의 결과가 후에 깨달음으로 돌아왔다. 다른 분야를 선택했어도 경험은 경험대로 살렸을 테지만, 시각의 차이는 경험의 차이라는 말도 비로소 체감했다.

'신문방송 > AE/기획자 > 카피라이터 > 에디터 > 콘텐츠 관리자 > UX 크리에이터 > CS 메시지 관리자 > UX 라이터 > 마케팅/커뮤니케이션 메시지 관리자' 등 패턴을 이어 가듯 달려 온 커리어를 메시지 성격으로 굵게 정리해 보았다. 그간 10여 년의 변화와 적응이 새삼 놀랍다. 메시지 스페셜리스트이면서 제네럴

---

[1] 신문, 잡지, 영화, 텔레비전 등과 같이 많은 사람에게 대량으로 정보와 사상을 전달하는 매체를 말한다.

리스트일 수 있게 해 준 재료 역시 이런 '경험'들이다. 기획, 디자인/콘텐츠, 영업, CS, 홍보, 마케팅 등 기업이 갖춰야 할 기본 부서라 할 수 있는 모두에 몸담았고, 매 순간 치열했다. 또한 내 안의 드센 노력보다는 외부의 세찬 변화에 열린 태도로 몸을 던졌다. '다시 과거로 돌아가 같은 일을 한다고 해도 그만큼 치열하게 임할 수 있을까?'라고 물었을 때 5초 안에 대답이 '아니오'라면 치열했다고 인정하기로 하자.

경험의 결실은 어떻게든 반드시 나타난다

신문방송학을 전공했다. 전공에서 습득한 대중매체에 대한 이해를 토대로 맞이한 첫 직업은 AE(광고기획자)이자 카피라이터였다. 메이저 광고 대행사가 아니라면 전문 카피라이터가 있는 곳은 드물다. 대부분 AE가 그 역할을 대신하는 경우가 많다. 필자는 AE와 카피라이터 두 영역을 모두 실무로 경험한 덕분에 기획의 관점에서 프로덕트 전 과정을 이해한 후 카피라이팅하는 습관을 들이게 되었다. 그리고 메시지뿐만 아니라 상품에 관한 입체적인 이해가 우선되어야 제대로 된 글이 나옴을 알았다. 결과론적인 깨달음과 자기 위안일지 모르나 '몸이 힘들어야 몸에 새겨진다'는 말도 실컷 실감했다.

- 쓸 데 있게 덧붙이는 말:

   프로덕트product는 자주 사용되는 영어 단어지만,
   사전에 등록되어 있지 않다. 대신 이커머스업계에
   서도 자주 접하는 직업인 프로덕트 매니저product
   manager는 사전에 등록되어 있다. 이를 유사한 표기
   와 개념으로 혼동하기 쉬운 프로젝트 매니저project
   manager의 정의와 함께 살펴보자. 프로덕트 매니저
   는 신제품의 개발이나 상품화를 담당하는 제품별
   전문 담당자를 말한다. 프로젝트 매니저는 프로젝
   트의 작업 진행을 총괄적으로 책임지는 사람을 말
   한다.

- 덧붙이는 말에 덧붙이는 말:

   '쓸데없다'와 '쓸 데 있다'의 띄어쓰기 차이, 즉 합
   성어로 굳어진 표현과 그렇지 않은 표기의 차이도
   한글 맞춤법에서 중요한 부분이다. 무심코 같은
   법칙을 적용하는 오류를 범하지 않도록 하자.

모든 것이 경험으로 연결된 예는 과거와 주변을 조금만 돌아
봐도 쉽게 발견할 수 있다. 대학 수업의 '조별 과제'를 생각해 보
면 쉽다. 조별 과제를 위해 모인 여러 유형의 사람 사이에서 겪는
갈등과 어려움이 온라인 커뮤니티에 유머 소재로 꽤 많은 버전이
돌아다닌다. 그만큼 많은 사람의 공감을 불러일으킨 불화의 원인
은 참여하기는 싫고 점수는 잘 받고 싶은 모순된 마음에 나온 이
기적 태도와 행동이다. 노력은 다르고 점수는 같으니 상대적으로

적극 참여한 조원이 손해를 본다는 느낌을 받을 수 있다.

이런 사례는 비단 학창 시절뿐 아니라 직장 생활에서도 여지없이 이어진다. 나이에 상관없이 어디든 사람이 모여 여럿이 해야 하는 일은 다 거기서 거기인가 보다. 업무상 그리고 성향상, 이런 상황에 부딪혀 불만을 토로하는 동료의 고민을 자주 듣게 된다. 그때마다 내 대답은 같다. 어차피 해야 할 일이면 손해 따지지 말고 할 수 있다면 '일단 해라'이다. 뭐든 경험한 만큼 내 것으로 쌓이고, 결국 내 업무 커리어와 노하우가 될 것이라고 덧붙인다.

이런 일은 대부분 프로젝트성 업무나 부서간 협업에서 비슷하게 나타난다. 이는 매해 시행되는 인사 평가 관리에서 결과와 실적으로 이어진다. 본인이 직접 주도하거나, 개선에 참여해 결과를 이끈 업이라면 더욱 눈에 띌 수밖에 없다. 참여함으로써 배우는 과정과 미세한 부분까지 직접 컨트롤하며 이뤄 낸 결과 등의 경험은 결국 내 것이 된다. 경력기술서에 당당하게 한 줄 적는 것은 물론 비슷한 업무를 다시 진행할 때에도 막힘없이 더 좋은 성과와 효율로 이어진다. **아는 만큼 보이는데, 알려면 일단 경험만큼 좋은 것이 없다.** 조별 과제에 소극적인 조원처럼, 숟가락만 얹은 참여와 깊게 참여한 것은 너무도 큰 차이가 있다. **실패도 어차피 경험일 뿐 실패를 두려워할 필요 없다.**

시행착오나 실수도 더는 실패가 아닌 배움이다. 요즘은 오히려 빠른 실패를 권하는 시대다. 먼저 시장에 상품을 내놓고 고객 경험과 피드백을 토대로 계속 개선하여 완성도를 높이는 애자일 Agile 방식은 이미 성공한 기업의 정석이 된 지 오래다. 아마존이 그랬고, 쿠팡 역시 이런 애자일 조직 문화를 국내에서 가장 빠르게 도입하고, 모든 업무에 적용했다 해도 과언이 아니다. 잘 나가는 스타트업 기업의 빠른 성장과 성공 요인 중 하나로 애자일 전략을 손꼽기도 한다.

지난 날의 시간이 모여, 지금 나의 가치가 된다. 자신의 가치를 올릴 수 있는 경험이 무엇인지 재 보고, 매 순간 최선을 다해 언제든 도움이 될 경험을 쌓기 바란다. 새로운 경험을 위한 변화와 도전에는 항상 걱정과 공포가 따라온다. 압박과 부담보다는 지금의 경험이 어떤 경험으로 이어질지 기대하며 긍정적인 면을 봐야 한다. 실패에 대한 불안감보다는 성장에 대한 기대감으로 눈을 돌리는 것이다. 때론 실패에서 더 많이 배우게 된다.

쿠팡은 초기 5가지 리더십 원칙 중 'Fail Fast!'(빨리 도전하고 빠른 실패에서 배우자!)가 있을 정도로 실패를 두려워하지 않았다. 실패를 통해 끊임없이 배울 수 있으니 도전을 두려워하지 않는 기업 문화가 정착될 수 있었다. 5가지 원칙은 추후 15가지 리더십 원칙으로 세분화되고 개선되었다. 하지만 여전히 "Move with Urgency^ᴵ"와 "Learn Voraciously^{ᴵᴵ}"로 그 가치가 이어진다.

실패와 비난에 대한 두려움보다는 위기와 긴박함 속에서도 격렬하게 배우고, 빠르게 실행하는 것이 더 긍정적이라는 것이다. 그러니 지금 경험이 보잘것없거나, 쓸모없어 보이거나, 실패했다고 좌절할 필요 없다. 결단코 쓸모없는 경험이란 없다. 어떤 경험이든 겁먹지 말고 예민해지지 않기를 바란다. 최소한 나의 경험은 그랬다. 그러니 이 책을 읽고 있는 당신은 잘하고 있다.

Ⅰ 긴박함이란 곧 위기의식이다. 리더는 항상 위기 상황을 살고, 실행에서 배우고, 비난이 두려워 결정을 미루지 않는다.

Ⅱ 최고의 아이디어를 위해 자존심을 내려 놓고 모든 곳을 뒤진다. 리더는 실수를 합리화하지 않고 스스로 기꺼이 비판한다.

그리고 자라고 있다.

　UX 라이팅에서 경험의 다양성은 경험으로 얻은 노하우와 깨달음을 살려 다른 분야도 예리하게 꿰뚫어 볼 수 있는 통찰이 된다. 업무의 바른 방향성으로 이어짐은 물론 개인의 스펙과 스펙트럼까지 넓힐 수 있다. 이제 기업은 한 분야의 전문가가 아니라, 모든 고객 여정을 이해할 수 있는 제네럴리스트이자 열린 태도를 가진 스페셜리스트를 원한다. 국립국어원의 우리말샘에서는 '제네럴리스트'를 모든 분야에 대하여 상당한 지식과 경험을 가진 사람으로 정의한다. 한 분야에 전문가인, '스페셜리스트'가 되려면 모든 분야를 이해해야만 하는 것이 역설적이지만 당연한 말인 셈이다. 한 우물을 꾸준히 판 전문가도, 다양한 영역에 출중한 **능력자도 경험**이 쌓여야 비로소 **경력**이 된다.

내 일이 내일을 이끈다

　지금 내가 하는 일이 곧 다음에 할 일을 결정한다. 당연한 얘기지만 정작 일을 하는 순간에는 자주 잊곤 한다. 이를 인지하면서 일을 하면 '이번 일을 마치면 다음에 할 일에서 어떤 도움이 되겠구나, 이번 프로젝트는 더 깊게 참여해야겠구나' 등의 판단이 생긴다. 그리고 능동적으로 업무를 찾아서 하게 된다. 그렇지 않으면 그저 처리하기 바쁜 일이 된다. 소위 야무지게 일을 잘하는 사람들은 이런 생각을 지니고 일을 한다는 것은 당연하다.

광고대행사부터 소셜커머스/이커머스의 콘텐츠, UX, 영업, CS 부서 그리고 패션커머스의 마케팅, 홍보/커뮤니케이션 부서 등 다양한 부서에서 각각 다른 목적별 R&R(역할과 책임)을 경험했다. 메시지라는 큰 틀에서 조직별 목표와 업무 목적이 극명하게 다른 실무를 연이어 역임해 온 것이다. 멀티 플레이어와 N잡러가 다재다능함을 인정받는 시대이니 나름 운도 좋았다고 생각한다. 결과적으로, 종합적인 사고와 이를 자연스럽게 업무에 적용할 수 있었던 것은 모두 경험 덕분이다.

사실 많은 경험을 할 수 있었던 계기들도 별거 없다. UX 라이터의 역할이 필요한데 전담자가 없어서 메시지 관리 담당자였던 필자가 전사의 굵직한 프로젝트들에 참여하게 되었다. 그리고 잘해냈다. 고객 경험에 도움을 줄 수 있는 방향성을 지닌 메시지 사용은 몸에 밴 듯 자연스러운 일이었으므로 당연했다. 그래도 오랫동안 한 분야에 있던 전임자들보다 출중하다는 평을 들어왔으니 다행이었다. 그럴 때마다 느끼는 뿌듯함과 자부심으로 오늘도 이어 간다.

다양한 직군의 직원들과 부대끼며 만들어 온 결과물과 경험으로 차곡히 쌓인 통찰의 발견들은 모두 고스란히 나만의 무기이자 자산이 되었다. 변화와 새로움은 겪을 땐 참 고단해도 견디고 지나고 나면 참 능력으로 관통한다. 대부분의 변화와 경험이 이런 식으로 이루어진다. 직장인이라면 어느 정도 공감할 것이다. 뜬금없이 10년 차를 넘긴 직장 생활 선배로서 조언한다면, **영원히 정해진 R&R은 없다고 보는 것이 여러모로 정신 건강에 이롭다.**

매스 미디어는 물론 온·오프라인 콘텐츠까지, 광범위한 영역을 넘나들며 업무를 쳐내 왔던 데는 전공인 신문방송학이 튼튼한 디딤돌로 한몫했다. 광고대행사 AE, 기획과 촬영, 카피 문구 작성, 디자인, 영상 등 거의 모든 콘텐츠 업무를 실무로 겪으며 쌓은 노하우는 전례 없던 새로운 직업, 소셜커머스 에디터 업무 등에 모두 도움이 되고 바로 활용할 수 있었다. 매거진 에디터, 방송 작가, 작사가, AE, 카피라이터, 기자, 마케터 등 내로라하는 커리어를 지닌 동료들 사이에서도 빠르게 인정받을 수 있던 방법 역시, 경험이었다.

나는 AE처럼 트렌드를 읽고, 카피라이터처럼 고객 공감 포인트를 메시지에 녹이고, 디자이너처럼 콘텐츠 레이아웃을 구성하거나 포토그래퍼처럼 구도를 볼 수 있었다. 당시 에디터 업무의 필요한 역량을 광고대행사 경험으로 이미 갖추고 있었기에 당연한 결과였다. 이후 UX 콘텐츠 관리 업무 경험을 통해 고객의 메시지 인지 및 행동 패턴과 방향까지 고려하는 UX 라이터의 역할도 수월했다.

또한 영업 부서에서의 경험을 통해 구매 전환율을 높여 매출과 성과를 위한 잘 팔리는 메시지에 대한 고민과 시각이 몸에 밸 수 있었다. 마케팅 부서와의 프로젝트들에 참여하며 공감과 넛지 메시지의 필요성과 함께 마케팅적 관점의 글쓰기 노하우를 체득했다. CS

부서에서의 메시지 관리 경험을 통해 고객 구매 여정에 따른 이슈 대응과 더불어 긍정적인 고객 경험까지 통합적으로 고려한 메시지로 고객과 커뮤니케이션할 수 있었다. 이슈와 위기 상황별 적절한 톤앤매너로 대응하는 위기관리 메시지와 프로덕트 개발 프로젝트에도 참여했다.

실제로는 앞서 나열한 것보다 더 많은 경험을 했다. 이전의 업무 경험들은 자연스럽게 다음 업무로 물 흐르듯 흘러갔다. 운이 좋았다는 말이 딱 맞아떨어질 정도로 경험은 배신 없이 언제나 도움이 되었다.

다양한 업무 영역에서 메시지를 경험한 게 운이 좋았다고 말하는 또 다른 이유는 종합적으로 사고한 메시지 결과물을 낼 수 있기 때문이다. 여러 분야를 경험한 사람이 가진 통찰을 메시지 도출 과정과 결과에 심을 수 있었다. 이는 한 분야에 통달한 전문가와 끊임없이 경쟁하고 성장하면서 경험의 차이를 극복하기 위해 부단히 노력한 결과다.

어떤 일을 해낼 수 있는 능력인 '실력'이 부족하면 무시당할 수밖에 없는 냉혹한 실무의 세계, 직장 생태계에서 생존을 위해 하루도 허투루 임하지 않았다. 다시 과거로 돌아간다 해도 이보다 더 잘 해낼 자신이 없을 정도로 격렬했다. 냉혹한 현실은 가혹하지만 때론 좋은 자극제가 된다. 지나고 나니 실감한다. 적어도 나처럼 여러 분야에서 글로 먹고산 사람에게는 꼭 맞는 말이다.

필자는 글을 쓰는 업 중 어느 한 분야에 '고인 물'로 최고의 경지에 오른 수준은 아니다. '사물이나 현상 등을 정확하고 날카롭게 꿰뚫어 봄'을 의미하는 '통찰'은 여러 개 쌓아 왔지만, 통달의 경지까지는 아직이다. 전체적으로 보면 메시지라는 큰 틀에 속할 수 있지만, 면밀히 따지고 깊게 파고들면 절로 겸손해질 만큼 부족함을 느낀다.

통달의 의미를 살피기 전에 먼저 '고인 물'이란 용어를 살펴봄이 좋다. 요즘은 한곳에 오래 있어 새롭지 못하거나 뒤처진 사람을 지칭하거나 다소 비꼬는 분위기로도 통용되지만, 실제 어원을 알고 나면 이런 찬사가 또 없다고 깨달을 정도로 기분 좋아질 표현이다. 국립국어원의 우리말샘에서는 '고인 물'을 '(주로 온라인 게임에서) 오랫동안 활동하여 그 분야에 통달한 사람을 이르는 말'로 풀이한다.

여기서 '통달'은 '사물의 이치나 지식, 기술 등을 매우 잘 알거나 능숙하게 잘함'을 의미한다. 물론 쿠팡 '고인 물'에서 무신사로 흘러 들어간 필자는 더 이상 고인 물로 불리지 않게 되었지만, 고인 물이란 단어를 사용하고 들을 때 더 긍정적인 어투로 불리고 느꼈으면 하는 바람도 가져본다. 이렇듯 여러 가지로 경험은 '통찰'을 쌓아 '통달'에 이르도록 돕는다.

대단한 업적을 이루거나 유명인도 아니면서 경험을 논하는 것이 부끄럽기도 하다. 실제적인 나의 경험을 들려주는 것은 좋지만, 한편으로는 발가벗은 느낌도 든다. 괜스레 더 주저리주저리 길어지고, 몇 번을 고쳐 써도 여전히 낯간지럽다. 그런데도 이렇게 '경험'에 대하여 나열하는 것은, 내가 했던 고민과 같은 상황을 겪고 있는 이에게 조금이라도 도움이 되길 바라는 마음에서이다. 큰 울림은 아니어도 지금 당신이 무엇을 하든 쓸모 있는 경험이라는 이 메시지 하나만 전해져도 괜찮다 싶다.

가수 오디션 프로그램에서 어느 한 심사위원이 했던 말을 떠올리면 이해하기 쉽다. 감정을 실어 노래를 불러야 한다는 뜻을 사랑도 해 보고, 이별도 해 보라는 말로 권한다. 좋은 노래를 만들고, 부르고 싶다면 본인의 경험만큼 좋은 교재가 없다는 말이다. 좋은 글 역시 배움이 될 경험이 필요하다. UX 라이팅에서도 글쓰기와 관련된 업무뿐만 아니라 다양한 경험이 중요하다. 오히려 다양한 경험으로 얻은 시각과 정보는 고객의 공감을 얻을 수 있는 아이디어나 표현을 떠올리는 데 좋은 재료가 되곤 한다. 업무적 경험과 일상적 경험 모두 다양하게 겪어야, 메시지에 담을 수 있는 범위와 안 되는 것의 경계를 알게 된다. 분명한 것은 어떤 경험이든 쓸모없는 경험이란 결코 없다.

더구나 한 가지 분야에서 오래 일한 사람보다 여러 방면에서 다양한 경험을 한 사람은 오히려 흔치 않다. 필자 역시, 디자인과 카피로 전달력을 끌어올리는 콘텐츠부터 기업의 이익과 매출을 위한 영업, 고객 인입을 위한 마케팅, 고객 만족을 위한 CS 등 다양한 경험을 통해 한 우물 전문가들보다 넓은 시각을 가지게 되었다. 그리고 이를 바탕으로 업에서 많은 성공을 이끌었다. 실무에서는 무엇보다 이런 '시각의 차이'에서 나온 '생각의 차이'가 업무적 디테일과 역량의 스펙트럼을 가른다. 즉 '어떤 경험이든 배움과 쓰임이 되니 괜찮다'는 것이 결론이자 요약이다.

삶에서 앎으로

삶을 경험이라 '포장'하니 좋지 않은가
포장을 풀었을 때 '발견'한 선물이
'발전'으로 이어지기를

UX 라이팅의 기본기

톤앤매너 (Tone & Manner)

언어에서 전체적으로 느껴지는
분위기나 자세 또는 행동 방식,
재질감.

메시지도 톤앤매너를 갖춰야 한다. 톤앤매너는 이미 합성어·숙어처럼 굳어진 용어로, 여러 분야에서 한 단어처럼 사용되어 왔다. 영어 사전에는 '어조와 태도'로만 짧게 정의되어 있다. 그러나 실제 우리말에서는 쓰임에 차이가 있다. 단순히 말이나 태도뿐만 아니라 전체적인 분위기까지 넓은 의미로 두루 쓰인다. 영문 표현임에도 일상 속 대화나 업계 용어처럼 자주 쓰이는 표현이니, 누구나 한 번쯤은 듣거나 입으로 뱉었을 말이다. 사내 용어 또는 직장인 언어인 이른바 '월급체' 같은 느낌마저 드는 표현이 바로 톤앤매너다.

국립국어원에서는 '톤'과 '매너'로 각각 나누어 정의하고 있다. 일상과 일터에서 합성어처럼 자주 활용하는 표현인데, 아직 관용 표현으로 등록되어 있지 않다는 사실이 조금 놀랍기도 하다. 하지만 살펴보면 각 의미로 풀이하는 것이 우리 정서와 이해에 더 가까움을 알 수 있다. '톤'은 어조와 말투이고, '매너'는 태도나 방식이다. 이 둘이 and로 이어져 있으니 '어떠한 범위를 벗어나지 않는 표현의 틀'로 정리할 수 있다. 이를 예술이나 시각적 디자인에 대입하면 '일정한 표현 범위의 분위기와 색채'일 것이다. 또 메시지나 언어적 소통의 영역에서는 '일정한 표현 범위의 분위기와 어조'일 것이다. 여기서 모두 '일정한'으로 해석한 데는 이유가 있다. '일정하다'는 어떤 것이든 어떻게 정해져 있다는 형용사이다. 만약 미리 정해져 있지 않거나 규칙적이지 않다면, 톤앤매너를 특정할 수 없을 것이다.

앞서 얘기했듯이 '톤앤매너'는 예술, 뷰티, 패션업계와 더불어 기업 내 디자인, 콘텐츠, 마케팅, 커뮤니케이션 분야 등에서도 충분히 많이 사용되고 있다. 마치 전문 용어처럼 굳어진 이 말의 뜻을 정확히 알고 사용하는 사람들은 몇이나 될까? '톤앤매너'란 단어를 입 밖으로 낸 사람조차 명확히 어떤 의미인지 되물어보면 제대로 대답을 하지 못 한다. 느낌상 어느정도 뉘앙스는 알아도 정작 입 밖으로 내어 정의하기는 쉽지 않은 표현 중 하나이다. 메시지와 관련된 업무에서는 이 '톤앤매너'란 단어를 제대로 알 필요가 있다. 콘텐츠에서도 '톤 앤드 매너'와 같은 띄어쓰기를 적용하지 않고 붙여 쓴 사례가 많다. 각 단어의 뜻이 아닌 합성어처럼 더 많이 굳어져 활용되고 있는 '톤앤매너'에 토를 달아 본다.

적어도 UX 라이팅과 기업 메시지 작성을 업으로 하는 사람이라면, 필연적으로 자주 쓰는 표현이다. 업무의 기본임과 동시에 중함에 대한 공감대를 가지고 있을 것이다. 톤앤매너가 톤 앤드 매너처럼 외래어 표기법이나 띄어쓰기 규칙 없이 합성어처럼 붙여쓰기된 이유도 역시 각 분야 전문 영역에서 널리 쓰였기 때문이라고 생각한다. 메시지에 정답이 없는 것처럼, 톤앤매너 역시 어떤 것이 좋고, 어떤 것이 나쁘다로 나눌 수 없다. 정답이 없다는 것은 어느 것도 정답이 될 수는 있지만, 정답에 가까운 기조로 채점자를 이해시켜야 하는 논술 답안지라는 말도 된다. 문제의 요지에 맞춰 적합한 답안을 써 내려 가는 것처럼 메시지의 목적 및 게재하는 채널에   맞춰 기준을 세운 톤앤매너를 '정도'로서 나아가야 한다. **메시지 톤앤매너**에 '정답'은 없으나 **'정도'**는 있어야 한다.

- 바른 규칙: 正度(바를정, 법도도)하다.
- 올바른 길: 正道(바를정, 길도)를 걷다.
- 알맞은 한도: 程度(단위정, 법도도)에 맞다.

예를 들어 고객에게 직접 전하는 메시지로, 혜택과 정보를 가시성 있게 전달해야 하는 매체는 '객관적인 고객 혜택 강조: 간결한 메시지로 젠틀한 톤앤매너'가 바른 길일 것이다. 같은 매체에서도 고객의 마음을 움직일 수 있는 공감으로 소통해야 한다면 '감성적인 고객 공감 강조: 대화형 메시지로 친근한 톤앤매너'가 바른 길이 된다. 이제 메시지 목적별 톤앤매너에 도움을 주는 예시 키워드를 소개한다.

목적을 명확하게 해 주는 톤앤매너

01. 설득

(기대 효과)　(관련 근거)　(기존 사례)　(고객 상황)

- 기업에서는 고객이 상품을 구매하게 하거나, 버튼을 누르게 하거나, 방문을 하게 하는 등 행동을 유도하는 메시지에서 주로 사용한다.
- 고객에게 어떤 행동을 유도하고자 한다면 뒷받침할 근거와 행동 후 기대되는 혜택이 명확해야 한다.

그림 1-1. 설득 톤앤매너

해당 단계의 페이지(화면)를 보고 있을 대상, 즉 고객의 상황을 예상해 공감할 메시지와 대안을 먼저 제시한다. 고객이 메시지에 공감하면 목적에 맞는 행동(클릭 또는 뒤로가기)이 기대된다. 만약 그렇지 않아도 충분히 호기심을 불러일으킨다.

02. 대응

(참된 진실) (바른 공감) (원인 배경) (개선 의지)

- 위기관리나 고객 응대, 이슈 관리 후 알림문 등에서 주로 사용한다.
- 고객 관리와 대고객 메시지의 기본이지만, 대응이 필요한 메시지에서는 특히 공감과 진정성 있는 내용이 중요하다.

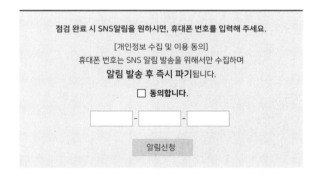

그림 1-2. 대응 톤앤매너

고객이 꼭 알아야 할 정보와 사유를 불필요한 핑계나 변명 없이 사실 위주의 메시지로 전달한다. 또한 고객이 가장 궁금해할 요소(서비스 이용은 언제 가능한가)를 미리 해결해 주어, 고객의 부정적인 경험마저 긍정적인 경험으로 바꾸려는 의지가 메시지와 구성에 고스란히 담겨 있다.

03. 안내/광고

(사실 정리) (혜택 위주) (신규 정보) (재미 흥미)

- 일반적으로 널리 사용되는 대고객 메시지로 목적에 따라 조금씩 방법과 방향을 달리해 사용한다.
- 관심만을 끌기 위한 재미 요소보다는 관심이 절로 갈 흥미 성과 고객에게 직접적인 혜택을 찾아서 제시해 주는 것이 좋다.

그림 1-3. 안내/광고 톤앤매너

혜택만 직관적으로 강조한 메시지를 사용하여 고객에게 중요한 정보가 눈에 잘 띄도록 했다. 또한 카드 가입이나 발급하기 등의 공격적인 톤앤 매너가 아닌 '카드 디자인 고르러 가기'라는 부드러운 권유를 통해 고객의 클릭을 유도하는 메시지를 사용하였다.

메시지도 꽃처럼 색과 향을 지니고 있다

UX 라이터라면 톤앤매너에 대한 정의를 명확하게 이해하고 있어야 한다는 생각에서 나름 정의한 표현과 대답들이다. 무엇이든 나부터 깊게 이해하고 있어야, 다른 이에게 전달할 수 있기에 자신만의 정의를 꼭 내려 보길 권한다. 필자 역시 메시지업자로서 생존과 직결된다는 생각에 '톤앤매너'란 단어를 들을 때마다 잔뜩 귀를 세우고 긴장했던 기억이다.

업무에 따라 달라지지만, '톤앤매너가 무엇이냐'는 질문이나, 업무상 설명을 위해 이렇게 정의해 답한다. **"메시지 톤앤매너란 글에서 느껴지는 '재질감'입니다."** 재질의 사전적 의미는 '재주와 성질을 아울러 이르는 말', 그리고 '재료가 가지는 성질'이다. 즉 메시지에서 느껴지는 언어적 성질이 곧 톤앤매너인 셈이다. 어떤 대상을 칭찬할 때 쓰는 신조어로 '느낌/톤/성향'이 매우 좋다고 강조할 때 '재질'을 쓰기도 한다. 이를 메시지 톤앤매너에 맞춰 '잘 쓴 글(목적에 맞는 글과 분위기)'에 적용하면, '메시지 재질 미쳤다!' 정도일까? 신조어로 널리 활용되기 전에 필자가 이러한 표현을 먼저 사용했다고 말하고 싶을 정도로 찰떡이다.

'언어의 재질'이라는 말이 '메시지 톤앤매너'를 설명하는 개념과 딱 맞아떨어져 실제로 이 표현을 자주 활용했다. 우리(기업)가 전달하고자 하는 목적에 맞는 일정한 재질의 메시지를 유지하기 위해 계속해서 관리되어야 한다고 말이다. 톤앤매너를 일정하게 유지해 일관된 감성과 분위기를 표현한 콘텐츠는 기업의 이익에 도움을 준다. 기업과 브랜드만의 아이덴티티를 명확하게 하는 방법이 되기도 한다. 메시지 담당자나 관리자라면 고객이 인지할 수 있도록 이런 차이가 잘 드러나는 메시지를 전달하는 것이 좋다.

필자는 '톤앤매너'에 대한 개념과 정의를 사전과 달리, 시기와 상황에 따라 다르게 표현해 왔다. 재질로 표현하기 전에는 '결'이란 표현을 자주 했다. 사전에서는 이를 '나무, 돌, 살갗 따위에서 조직의 굳고 무른 부분이 모여 일정하게 켜를 지으면서 짜인 바탕의 상태나 무늬', 그리고 '성품의 바탕이나 상태'를 일컫는다. 이러한 '결'의 풀이를 활용하여 메시지 톤앤매너를 논의할 때 '메시지로 드러나는 결'이라 했다. 듣는 이에 따라 더 쉽게 설명할 때는 언어가 지닌 '페르소나(가면·인격)'나 '캐릭터' 또는 일종의 일관된 '콘셉트'나 '기조'라고 하기도 했다.

이렇듯 메시지 업무의 목적과 협업 동료의 직군, 그리고 시대에 널리 쓰이는 용어에 따라 쉽게 설명할 수 있는 표현들이 변해왔다. 명확한 사전적 의미가 없는 대신 그때그때 필요에 따라 나름의 의미로 정의한 것이다. 패션계에서는 톤앤매너를 톤앤톤 컬러의 조합이나, 티피오Time, Place, Occasion(시간, 장소, 상황)에 맞춘 옷차림으로 인지한다. 예술계에서는 작품이 갖는 고유의 분위기나 일관된 특징으로 인지한다. 톤앤매너가 필요한 분야에 따라 그 의미가 제각각인데도 부드럽고 유연해 어디에든 잘 어울리니, 이런 표현이 또 어디 있을까 싶다.

말하기처럼 글에도 그 사람의 경험과 습관이 묻어난다. 메시지에서 풍기는 감성이나 생각까지 '톤앤매너'라면, 결국 글을 쓴 사람의 생각과 태도가 담겨 있기 마련이다. 기업의 UX 라이터는 곧 기업의 페르소나다. 연기자가 메소드 연기를 하듯 기업 또는 브랜드와 자신을 끊임없이 동일시해야 톤앤매너를 유지할 수 있다. 그러려면 메시지에서 어떤 색이나 향이 느껴지도록 해야 할지 깊이 파고들어야 한다. 톤앤매너를 찾아내고 고객이 이를 인지하도록 노력하는 자세를 유지해야 하는 것이다.

톤은 맞추고, 매너는 갖추고

다 정한 질서와 미리 약속한 범위에서
다정한 소통과 명확한 전달이 가능한
메시지의 본질은 일정한 어조와 태도

바로

──────쓰다

정해진 방법이나 기준 등에 맞게,
말이나 언어를 사용하다.

바르게 쓴 글, 알맞게 쓴 글, 잘 쓴 글은 어떻게 정의할 수 있을까? 우리가 어떤 글을 보거나 필자처럼 일로서 글을 볼 때 '이 글은 참 잘 썼다' 할 정도로 괜찮게 느껴지는 메시지가 있다. 그러나 이를 명확하게 표현하기는 어렵다. 같은 글을 봐도 보는 사람에 따라 기준이 다를 수 있기 때문이다. 그렇다면 기업과 일반 메시지에서 '좋은 글'은 어떻게 다르고 어떻게 달라야 할까? 결론부터 말하면, 이를 굳이 나눌 필요는 없다. 어떤 메시지든 목적은 '소통'과 '전달'이기 때문이다. 기업에서도 바르게 쓰여지고, 소통과 전달이 잘 되는 글이 좋은 글이다. 일반 메시지는 단지 표현과 용어 선택에 있어 기업보다 조금 더 자유로울 뿐이다.

좋고 바른 글을 위해, 기업의 메시지 담당자나 관리자는 알아두어야 할 점이 참 많다. 특히 요즘 세상은 한 번 노출된 메시지는 언제든 누군가에 의해 캡처되거나 기록이 남는다. 수년이 지난 실수도 언제든 다시 화젯거리가 되니 더욱 조심스럽다. 메시지로 노출된 단어 하나도 문제의 소지가 될 수 있으니, 현재의 트렌드나 유행하는 밈[1] 또는 말과 같은 이슈와 용어에 끊임없이 안테나를 세워야 한다.

회사 안과 밖에서 소셜 미디어, 온라인 커뮤니티 게시판, 웹툰, 영상 스트리밍 등 어떤 콘텐츠를 보더라도 사회 이슈에 대한 모니터링이나 사회 변화 및 배경지식을 쌓기 위한 일이 될 수 있다. '쉼조차 일'이 되는 게 아니라, 마음가짐에 따라 놀이처럼 가

---

[1] 온라인에서 유행이나 행동 등을 모방해 만든 콘텐츠 또는 이를 퍼뜨리는 활동을 말한다. '유행어'는 언어로 한정하지만, '밈'은 행위 전체를 의미한다. 영국의 학자 리처드 도킨스Clinton Richard Dawkins가 진화론을 설명하는 용어로 밈 이론을 사용하였는데, 신조어로 빠르게 퍼져 나간 언어의 무한한 확장성과 의외성에 놀라지 않을 수 없다.

볍게, 숨을 쉬듯 자연스럽게 메시지업으로 연결할 수 있는 것이다. 이는 곧 '노는 게 일'이라는 가벼운 접근이다. 그만큼 입체적으로 모든 상황을 꼼꼼히 따져본 메시지, 한 글자 한 글자, 단어 하나하나 선별하고, 띄어쓰기 한 칸조차 허투루 쓰지 않는다면 바르게 쓴 글이 절로 나올 것이다. 다시 말하지만, 이 책은 글을 '잘 쓰는 법'이 아니라 '바르게 쓰는 법'을 위함이다.

고객에게 사용하는 언어는 기업과 브랜드에 큰 영향을 미칠 뿐만 아니라, 고객에 대한 우리의 자세가 고스란히 드러난다. 고객은 우리가 노출한 메시지를 통해 서비스 수준을 평가하고 짐작한다. 이것이 기본적인 어법을 지키는 것은 물론이고, 긍정적인 고객 경험을 위해 일관된 톤앤매너로 소통하고, 매체별 특성에 맞춰 고객(타깃 및 잠재고객)에게 접근해야 하는 이유다. 그러기 위해서는 고객과 효율적으로 커뮤니케이션을 하기 위한 메시지 작성 기준이 필요하다. 또한 기업과 업무의 특성을 고려한 '언어 가이드'나 '언어 사용 규칙 사전' 등의 내부 메시지 작성 규칙·규정이 그 역할을 할 수 있도록 해야 한다.

메시지를 잘 쓰는 것뿐만 아니라 고객 경험을 더 높은 수준으로 개선하는 것도 UX 라이팅의 중요한 목적이다. 기업의 메시지 담당자와 관리자는 전 직원이 메시지에서 바른 표기의 필요성을 충분히 의식하도록 해야 한다. 이는 위기관리에 드는 비용과 노력에 비하여 효과가 가장 큰 행동이기도 하다. 메시지를 업으로 하고 있다면, 수시로 언어와 표기 규칙의 변화를 꼼꼼히 살필 만큼 민감해야 한다. 국립국어원에서 새로 변경된 어법이나 단어 등재 또는 기업의 새로운 사업에 대한 대외 명칭 확인 등에 대한 수집과 정리 및 공지도 필요하다.

메시지 사용 규칙에 대한 변화나 변경 사항은 늘 공지하여 모든 직원이 알 수 있게 한다. 메시지를 바로 쓰기 위해서는 바로 아는 것이 중요하고, 이는 메시지 담당자나 관리 부서에서만 담당하기에는 어려운 일임을 인정해야 한다. 기업의 채용 페이지에서 자주 볼 수 있는 자격 요건 중 하나인 '원활한 커뮤니케이션 역량'은 UX 라이팅에서도 마찬가지로 필수 역량이다. 어느 부서와 협력하든 생각은 유연하게 하되, 기준은 단단하게 잡아 모두와 함께 메시지를 바로 쓰려는 자세가 필요하다.

바른 메시지로 이끄는 안내서

가이드 <small>(Guide)</small>

메시지를 바른 커뮤니케이션의
길로 데려가는 안내서인 동시에
사용 설명서.

‘좋은 메시지란 무엇일까요?’라고 물으면 누구나 대답은 곧 잘할 수 있지만, 같은 대답은 거의 없다. 어떤 이는 ‘가독성’, 어떤 이는 ‘구매 전환율’을 이끄는 것, 또 어떤 이는 ‘간결한 글’이라 말할 것이다. 이처럼 업무에 따라, 실무자마다 생각과 기준이 다르다. 목적을 달성하는 글, 공감을 끌어내는 글, 불필요한 표현 없이 짧고 명료한 글, 흥미를 끌고 번뜩이는 재치로 크리에이티브한 글 등 모두 맞지만, 정답은 아니다. 정답을 알기 위해서는 해답지가 있어야 하듯 정답에 가까운 우리만의 기준, 즉 가이드가 만들어져야 한다. 저마다 다른 기준을 통일해야 한다는 의미다. 누구라도 인정할 수밖에 없는 공통의 기준으로 작성되고 검토된 메시지를 제공하기 위한 가이드가 꼭 필요한 이유다. 대부분의 기업은 이런 서비스 언어[1] 가이드를 제정하여 관리하고 있다.

가이드는 작성자와 UX 라이터 모두에게 고민하는 시간을 줄여 준다. 이미 약속된 기준에 따라 적용하고 감수하면 되니 효율적인 관리가 된다. 가이드대로 진행하기만 해도 전략적인 글쓰기가 가능한 ‘작성 가이드’이자 메시지의 신뢰도를 높이는 방법인 셈이다. 만약 이런 역할을 해 줄 가이드를 찾을 수 없다면, 가이드를 문서화해 누구나 확인하고 따를 수 있도록 공유하기를 권장한다. 기업의 메시지를 관리자나 특정 부서에서 전담하기에는 리소스에 한계가 있다. 모든 메시지를 일일이 감수할 수 없다면 가이드를 만들고, 공유하고, 최소한의 규정으로서 따르도록 하자. 그것이 UX 라이터의 첫 번째 임무와 의무이자 주 업무이다. 한 번 작성된 가이드라 할지라도 시대의 흐름과 언어의 변화에 따라, 그리고 정책이나 사안에 따라 꾸준히 업데이트해야 한다.

---

[1] 기업이 고객에게 정보 전달과 소통을 위해 사용하는 모든 언어적 표현.

어떤 가이드에서나 가장 기본이 되는 것, 제1원칙은 올바른 어법이다. 맞춤법과 바른 표기법을 벗어나면 메시지는 신뢰를 잃는다. 국립국어원의 허용 가능한 표현이나 미확정 표기는 내부적으로 통일해 노출할 수 있도록 별도의 규칙을 정하는 것이 좋다. 또한 실제 용례와 격차가 크거나 이질감이 짙어 전달력을 저해할 가능성이 있다면, 국립국어원의 권고사항, 표기법을 기반으로 표기와 노출의 예외 규정을 정해 따르는 것을 권한다. 기본 가이드 및 내부 규칙을 정리하고 공유하는 자사의 단어 사전은 메시지 관리를 위해 꼭 필요한 세트 구성이다. 특히 이런 규칙을 적용해야 할 사례는 외래어 표기에서 많이 두드러진다. 각 상황을 정리하면 아래와 같다.

기본 지침	국립국어원의 허용 가능한 표기일 때	표기법보다 소통을 우선할 때
국립국어원 표준어/표기법을 포함한 내부 메시지 가이드	내부 언어 사용 규칙만을 정리한 단어 표기 규칙 사전	표준국어/외래어 표기법보다 우선 적용할 예외 표현 규칙 사전
예) 플리스/후리스	예) 래시 가드/래쉬 가드	예) 보디/바디
fleece의 외래어 표기 규정인 플리스로 통일, 일본식 발음 표현이 굳어진 후리스는 지양	규범 표기 미확정이나, 고객이 보는 영역(콘텐츠) 내에서는 하나의 표기 방식 '래시가드'로 통일	외래어 표기법상 '보디'가 바르나, 고객 언어 측면(친화성)과 카테고리명 동일 사용(일관성)으로 이해도 측면을 고려해 '바디'로 통일

물론 가이드와 규칙을 준수하는 것도 중요하지만, 가장 큰 기준은 고객(타깃), 즉 전달 대상에 두어야 한다. 이것이 예외 표현 규칙 사전으로 따로 관리해야 하는 이유다. '상품을 배송했습니다'는 회사가 전달하고 싶은 말이고, 같은 의미이지만 '상품이 도착했습니다'는 고객에게 더 가까운 말이다. 고객이 더욱 공감하고 쉽게 이해할 수 있도록 하는 것이다. 관점을 바꾼 표현의 차이는 고객 중심 메시지를 전달할 수 있도록 해 준다. 이는 고객의 마음을 움직이는 데 도움이 된다.

흔들리지 말고 휘두르기

줏대 없이 흔들리지 않으려는 기준이 있길
뚝심 있게 휘두르기 위해서는 기준이 있길
상사의 기분 말고 고객을 향한 기준만 삼길

바른 메시지를 구분하는 경계

선(線)

정해진 기준이나 정도를 잘 그어
윤곽을 바로잡아 바른길로
연결하는 기준이나 정도.

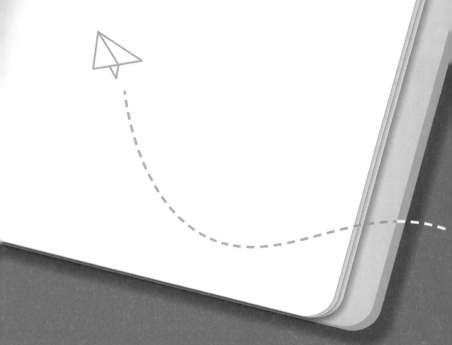

메시지의 가장 기본은 어법이다. 우선, 어법(語法)의 의미부터 제대로 살펴볼 필요가 있다. 국립국어원은 한글 맞춤법 해설에서 다음과 같이 정리해 놓았다.

한글 맞춤법에서 사용되는 '어법'과 일반적인 의미의 '어법'은 개념이 다르다. 한글 맞춤법에서 말하는 '어법'은 표준어를 어떻게 적을지를 정해 놓은 것으로, 표기와 관련된 원리이다. 그런데 일반적인 의미의 '어법'은 '말의 일정한 법칙'이라는 뜻으로 적용 범위가 무척 넓은 개념이다.

예를 들어 "동생이 밥을 먹는다."라는 문장에서는 여러 가지 규칙을 찾아볼 수 있다. 서술어 '먹는다'는 주어와 목적어가 필요하며, 주어의 지시 대상을 가리키는 '동생'에는 조사 '가'가 아니라 '이'가 붙어야 하고, 목적어의 지시 대상을 가리키는 '밥'에는 조사 '를'이 아니라 '을'이 붙어야 한다는 등의 여러 가지 규칙이 적용되어 있는 것이다.

이 외에도 소리를 내고, 단어를 만들고, 문장을 사용하는 데에는 수없이 많은 규칙이 필요하다. 이처럼 언어를 조직하거나 운영하는 데에 필요한 규칙을 폭넓게 '어법(語法)'이라고 한다.

요약하면, 표준어/맞춤법 표기로 한정한 좁은 의미의 어법과 문장을 사용하는 데 필요한 모든 규칙인 넓은 의미의 어법이 있다는 말이다. 한 번 쓴 메시지를 다시 검수할 때 '교정/교열/윤문'은 기본이니, 모두 포함된 넓은 의미의 어법으로 보는 개념이 더 잘 맞아떨어진다. 사전에서는 교정을 '남의 문장 또는 출판물의 잘못된 글자나 글귀 따위를 바르게 고침', 교열은 '문서나 원고의 내용 가운데 잘못된 것을 바로잡아 고치며 검열함', 윤문은 윤색과 같은 말로 '글을 윤이 나도록 매만져 곱게 하는 것'이라고 각각 정의되어 있다. 사전의 정의를 메시지 실무에 적용해 이해하기 쉽게 다시 정의하면 다음과 같다.

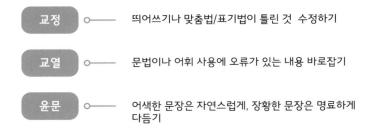

교정	○── 띄어쓰기나 맞춤법/표기법이 틀린 것 수정하기
교열	○── 문법이나 어휘 사용에 오류가 있는 내용 바로잡기
윤문	○── 어색한 문장은 자연스럽게, 장황한 문장은 명료하게 다듬기

메시지의 전달 목적을 방해하지 않으면서 긍정적으로 커뮤니케이션할 수 있는 최소한의 기준선이 어법이다. 이를 위해 가이드로 선을 그어 메시지의 틀을 정하고, 꾸준히 관리하는 것이 기업에서 UX 라이터의 주요 업이 된다. 고객이 자사의 수준을 가늠할 수 있는 공적인 메시지의 관리와 검토의 중요성은 점점 커지고 있다. 그렇다면 선을 이루는 '점'에는 어떤 것들이 있을까? 기업과 브랜드가 추구하는 방향에 맞는 '맞춤형 메시지 가이드라인'의 필요한 요소들은 다음과 같다.

1. 올바른 어법 사용하기

누누이 말하지만, 한국어는 예민한 언어다. 일반적으로 사용하고 대화하는 데는 어렵지는 않지만 제대로 쓰려면, 자주 사용하는 용어의 표기조차 틀리기 쉽다. 같은 글자와 표현이라도 의미와 문맥에 따라 띄어쓰기가 다른 것이 한글, 우리말이다. 전 국립국어원장 또한 띄어쓰기에 자신 없다는 인터뷰 기사는 메시지 업자 사이에서 화제가 되기도 했다. 우리말의 규칙과 규범은 계속 변화하고 있고, 다듬어지고 있으니 이미 알고 있던 어문 규범과 공공 언어라도 계속 확인할 필요가 있다.

예민한 한국어에 대한 가장 대표적인 예를 꼽자면 단연, 이 어휘다.

안 되다/안되다

'잘되다'의 반대 개념이라면 사전에 한 단어로 올라 있는 '안되다'를 써서 표현하는 것이 적절하다. '되다'의 안 부정 표현이라면 '안 되다'로 띄어 쓰는 것이 적절하다(못되다/못 되다 역시 동일).

예) 업무가 안된다. / 시간이 안 되다.

※ 참고: '안 하다'는 띄어쓰기만 올바름('안하다'로 붙여 쓰는 경우 없음)

'잘하다'의 반대 개념이나 앞에 부정어미 '-지' 다음에 올 때는 '못하다'를 붙여 쓰는 것이 바르다. 아예 할 수 없는 경우라면 '못 하다'로 띄어 쓴다.

예) 가지 못하다. / 말 못하는(잘하지 못함)
 / 말 못 하는(할 수 없음)

같은 글자여도 쓰임에 따라 띄어쓰기 한 곳이 다르다. 이를 정확하게 구분해 표기하는 것도 좋지만, 매번 앞뒤 문맥에 따른 의미를 확인해야 한다. 불필요한 혼란과 실수를 미리 방지하기 위해 '되지 않는다' 등으로 대체하기를 권한다. 고객이 이해하기 쉽고, 메시지 작성자와 관리자 모두에게 쉬운 표현을 고민하는 것도 UX 라이터의 몫이다.

여기서, 짚고 넘어가면 좋을 문제 ———————

'많은 양해 부탁드립니다'는 알맞은 어법 표현일까?

기업에서 공지나 고객을 응대할 때 가장 많이 사용하는 표현 중 하나이다. 이와 유사한 표현으로는 '넓은 양해 부탁드립니다' 또는 '너른 양해 부탁드립니다' 등이 있다. 이처럼 양해 앞에 불필요한 수식어를 넣어 겸손과 공손을 강조하는 것은 문법적으로는 바르지 않다.

01. 많은

자연스럽지 않다. 어감이 뭔가 이상하다고 느꼈다면, 바로 맞췄다. '많다'는 '수나 양, 정도 등이 일정한 기준을 넘다'는 의미이다. 이는 '양해'를 수식하기에는 어색하다.

02. 넓은/너른

의미가 중복된다. 넓다는 '마음이나 생각이 크고 너그럽다'로, 너르다는 '생각하는 것이나 마음 씀씀이가 너그럽고 크다'로 각각 풀이된다. 양해는 '다른 사람의 사정이나 잘못을 이해하고 너그럽게 받아들임', 즉 너그럽다는 의미가 포함되어 있다. 결론은 '양해'만 써도 충분하다. 상황적으로 더 공손함이 요구되므로 꾸밈말을 덧붙여 쓰지만, 문장을 끝맺는 '드립니다'의 '-드리다'가 '공손한 행위'의 뜻을 더하고 동사를 만드는 접미사이기에 '양해'만 쓰여도 어법상 모자라지 않다. 추가로 '부탁' 역시, 양해의 뜻을 풀어 더한 '너그러이 받아들이는 것을 부탁드린다' 보다는 '양해 바랍니다'와 '양해해 주시기 바랍니다'가 더 바람직하다. 다만, 고객 서비스 언어적인 측면에서 말로서 고객을 응대하거나, 고객의 기분을 최대한 상하지 않게 대응하는 것이 기업의 이익에 더 부합할 경우 등을 따져 허용 가능한 기준선을 잡는 것도 방법이다.

이와 함께 까다로운 한국어 표현 중 하나가 경어, 높임말이다. 가장 쉬운 예로 방송에서 연예인이 실수로, '우리나라'를 '저희 나라'로 낮춰 표현해도 방송 자막에는 우리나라로 나오는 경우가 종종 있다. 자막도 공공 언어 메시지의 하나로 표기가 바르게 쓰여야 하기 때문이다. 언제나 겸손해야 하지만 나라와 민족은 낮춤의 대상이 아니다. 잘못 높임도 문제가 된다. 높임말에도 종류가 여러 가지 있다. 국어 수업에서나 들을 법한 내용이지만 정리해 보면 이해가 더 쉽다. 메시지에 관심이 많아 이 책을 읽고 있는 당신이라면 새롭고 흥미로운 내용일 것이다.

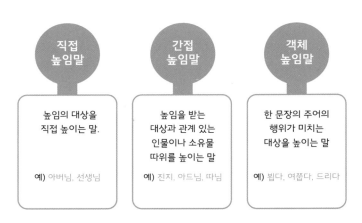

직접
높임말

높임의 대상을
직접 높이는 말.

예) 아버님, 선생님

간접
높임말

높임을 받는
대상과 관계 있는
인물이나 소유물
따위를 높이는 말

예) 진지, 아드님, 따님

객체
높임말

한 문장의 주어의
행위가 미치는
대상을 높이는 말

예) 뵙다, 여쭙다, 드리다

* 이 밖에도 '직접 높임법/간접 높임법/객체 높임법/들을이높임법/상대 높임법/
주체 높임법/직접 높임법/청자 높임법' 등으로 분류된 우리말 법칙이 있다.

군대처럼 계급에 따른 상하 관계가 확실한 생활을 한 이라면 한 번쯤 사용했을 상대 높임말, '앞존법'은 사실 틀린 표현이다. 바른 표현은 '누르다, 억압하다'의 한자어 壓(압)을 쓴 '압'존법이다. 압존법은 부대 내 모든 이의 서열과 직급을 암기해야 했기에 가혹 행위로 여겨져 국방부에서 2016년 폐지 지침을 내린 바 있다. 국립국어원에서도 2011년 발간된 <표준 언어 예절>에서 직장 내 압존법은 우리의 전통 언어 예절과 거리가 있고, 가족이나 사제 간처럼 사적인 관계에서만 적용될 수 있다고 명시한 바 있다.

상대 높임말 (압존법)

대화의 대상(주체)이 말하는 사람보다는 높지만 듣는 사람보다는 낮아, 대화의 대상을 높이지 않는 말

예) 중대장님, 제가 <u>소대장님께</u> 인수인계받았습니다.
→ 중대장님, 제가 <u>소대장에게</u> 인수인계받았습니다.

* 가족 관계가 아니면 압존법은 쓰지 않는 것이 바르다.

군대를 경험한 이들이라면 너무도 당연하게 사회생활에서도 직장 내 서열에 따라 압존법을 적용했을 것이다. 그것이 예의와 격식을 차린 언어라 생각했던 나도 그랬다. 물론 잘못된 높임 표현임을 알고 나서는 바로 고쳤지만, 메시지를 업으로 삼았던 나조차도 몰랐던 사실이라는 점에서, 작지 않은 충격이었다. 고객 서비스 언어 측면에서도 잘못된 경어이지만, 허용된 표현들이 더러 있다. 어법에 맞지 않음을 알아도 상대인 고객의 기분을 좋게 하기 위해 쓰는 표현들이 그 예다.

고객센터나 백화점 등 고객을 직접 응대하는 경우라면 더욱 그렇다. 잘못된 표현임을 알지만, 기업(또는 말하는 이)의 이익을 위해 암묵적으로 허용한 표현일 것이다. 예를 들어, '확인해 주실

수 있으실까요?'는 '확인해 주실 수 있을까요?' 혹은 '확인해 주시겠어요?'와 같이 한 번의 높임 표현으로 충분하다. '요청하신 매뉴얼이 준비되셨습니다'는 '요청하신 매뉴얼이 준비되었습니다'로 사물이 아닌 사람 주체만 높여 써야 한다.

2. 쉬운 표현 사용하기

메시지에서 쉽다는 것은 직관적이라는 의미다. '직관적'의 사전적 의미는 한자어로 곧을직(直), 볼관(觀), 과녁적(的)을 사용한다. 한국어기초사전에는 '생각하는 과정을 거치지 않고 대상을 접하여 바로 파악하는 것'으로 풀이한다. 메시지를 보고 읽는 이가 의미 파악을 위해 오래 생각하게 되거나, 이해하는 데 어려움이 있지 않아야 한다는 의미다. 직관적인 메시지와 사용자 인터페이스user interface, UI는 기업의 목적을 바로 전달하는 데 더 효과적이다.

사람마다 지식수준이 다르고, 메시지에 대한 이해의 속도와 정도에 차이가 있다. 그렇다면 지극히 주관적일 수 있는 '직관적'이라는 것의 기준은 무엇일까? 실무에서는 메시지를 읽는 타깃의 지식수준을 초등학생 정도로 염두에 두고 글을 쓰기를 권한다. 타깃을 무시하는 것이 아니라, 초등학생 수준에서 이해되는 메시지라면 누구나 쉽게 이해할 수 있기 때문이다. 이는 콘텐츠 관련 업을 해 본 누구나 한 번쯤 들어봤을 정도로 오래된 정설이다. 그만큼 기본적인 개념임에도 잘 지켜지지 않는 기업의 메시지를 종종 볼 수 있다.

머릿속에 있는 정보를 상대도 알고 있을 것이라고 착각하는 것은 메시지 작성자가 가장 많이 하는 실수 중 하나이다. 미처 '앎의 경계'를 구분하지 못하는 것이다. 더 쉬운 예로, 연인과 인간관계에서 대표적인 오해의 원인을 들 수 있다. "내가 말하지 않아도 내 맘 알지?"가 용납되면 안 된다는 것이다. 그것이 고객이든, 가족이든, 연인이든 내 머릿속 생각이나 관념을 이미 알고 있을 것이라는 섣부른 판단은 금물이다. 쉽게 알아채도록 자세히 드러내고 표현해야 한다. 후에 "그게 아니었는데."라고 후회할 일을 절대 만들지 말길 바란다. 관계에서도, 메시지에서도, 한 번 떠난 사람을 잡기는 어려운 일이다.

쉬운 메시지가 좋은 메시지다

어려운 내용일수록 쉽게 써야 한다. 이 말은 더 쉬운 단어를 사용해야 한다는 것이다. 어려운 한자어와 외래어보다는 한글이 좋다. 우리만 이해하는 전문 용어나 사내 용어는 피하자. 꼭 써야 한다면 알기 쉽게 풀어 쓰거나 부가 설명을 첨부해야 한다. 고객이 고민할 필요가 없는 것이 쉬운 메시지고 좋은 메시지다.

특히 사무직 근로자들이 보고서나 이메일, 메신저 등에 자주 사용하는 한자어나 외래어가 있다. 이 또한 쉬운 표현으로 바꾸어 소통하는 것이 좋다. 업무나 사내 용어로만 사용한다 해도 무심코 습관처럼 고객에게 노출할 수 있으니, 쉬운 한글 표현을 의식적으로 사용하고 익숙해지도록 노력하자.

한자어 (시간 관련)	쉬운 표현	한자어 (업무 관련)	쉬운 표현
익일	다음 날/이튿날	상단/상기	위
작일/전일	어제	하단/하기	아래
금일	오늘	사려/사료	생각
명일	내일	상동	위와 같음
차주	다음 주	소관	맡다
금주	이번 주	상이한	다른
금년	올해	유보하다	미루어 둠
금번/금회	이번	상정하다	회의에 올림
만료	끝	가급적	될 수 있으면
동일/동월 /동년	같은 날/같은 월 /같은 해	지향하다	나아가다
기일	정해진 날짜	지양하다	하지 않다/피하다

　　주요 일정 혹은 기한을 표현하거나 보고 형식을 통한 소통을 주로 하는 직장인이 자주 사용하는 한자어다. 마치 직장인이라면 이런 용어를 사용하고 알아들어야 프로페셔널하다는 느낌을 받는 사내 용어나 일명 월급체(급여체)가 대부분이다. 입 밖으로 뱉는 대화에서는 거의 사용하지 않는 표현이지만, 보고서나 업무 메신저 등의 글에서는 자연스럽게 쓰게 된다. 좀 더 전문적으로 보이거나, 공손한 표현이라고 생각하는 것이다. 쉬운 우리말 표현으로 대체하고, 시간 관련 용어라면 구체적인 날짜나 시간을 함께 분명하게 드러내 커뮤니케이션하는 것이 대(對)고객은 물론 내부 고객에게도 좋다. 고객에 대한 배려심이 깃든 쉬운 표현을 사용하도록 하자.

한자어 사용 표현 예)

금일 공지드린 상단의 내용
은 차주에 만료될 것으로
사료됩니다.

쉬운 한글 표현 전환 예)

오늘 알려드린 위 내용은 다음
주(4/9 오후 6시)에 끝날 것으로
예상됩니다.

같은 내용도 어떤 표현을 선택하느냐에 따라 더 쉬운 메시지
로 작성할 수 있다. 점점 속어화해 오면서 직장 생활과 일상생활
에서 습관처럼 써 온 한자어, 버릇처럼 입에 밴 영어도 쉽게 풀어
의사소통하는 것이 좋다.

외래어	바른/쉬운 표현
AS-IS/TO-BE	변경 전/변경 후
캐쉬	캐시/현금
AM/PM	오전/오후
해커톤	마라톤 토론, 끝장 토론
브레인스토밍	자유 토론, 생각 모으기
원스톱	한번에
프로세스	과정, 절차
로드맵	(단계별) 이행안
인프라	기반
아카이브	자료 보관소
임팩트 있게	강하게

일본식 한자어와 영어 발음에서 유래된 표현이나 일본어 투역시 순화하고 다듬어진 표현으로 바꾸어 사용하는 것이 좋다. 우리나라는 광복 직후부터 대대적으로 일본어 투 용어를 우리말로 순화해 왔으나, 개선하여 통용되어야 할 부분이 여전히 많다. 일본어 투 대부분은 잘못 노출 시 기업과 브랜드에 부정적인 이미지로 영향을 줄 수밖에 없으니 주의하고 기억하자. 평소에 바른말, 고운 말, 쉬운 말을 써야 대고객 메시지에도 잘못된 표현이 침투하지 않는다. 물론 국어사전에 실려 있어 그 뜻은 알 수 있으나, 외래어와 한자어를 남용한 메시지는 결코 좋은 메시지가될 수 없다. 국립국어원 홈페이지에서 '자료 > 연구·조사 자료 > 연구 보고서'의 '일본어 투 용어 순화 자료집'에서 더 많은 사례를 볼 수 있다.

일본어 투 (한자어)	권장 표현	일본어 투 (영어)	권장/바른 표현
가불	선지급	다시	대시/줄표
견습/고참	수습/선임	뱃지	배지
망년회	송년회	엑기스	진액
종지부	마침표	맘모스	매머드
수취인	받는 이	테레비	텔레비전

'감사합니다'는 일본어 투 표현일까?

　대화를 시작할 때 '안녕하세요' 만큼이나 '감사합니다'는 일상과 회사에서 커뮤니케이션 끝에 항상 붙는 끝맺음 말이다. 일부 언어에 깨어 있는 사람이라면 '감사합니다'가 일본식 표현임을 인지하고, '고맙습니다'와 같은 말로 바꾸어 표현하기도 한다. 아마도 일본 패션 브랜드 U사의 감사제의 영향도 있을 것이고, 한자어 표현에 따른 것일 수도 있다. 정서상 '고맙습니다'는 손윗사람이 아랫사람에게, '감사합니다'는 좀 더 공손한 표현으로 예를 갖춘 느낌이다. 필자와 같이, 명확한 근거나 해답을 찾으려 국립국어원의 '온라인 가나다' 상담으로 질문을 올려놓은 분이 있었다. 국립국어원에서는 이런 질문에 명확하게 답을 해 줬다.

　답변을 살펴보면, '감사합니다'가 일본식 표현이라고 알고 있지만, 일본식 표현이라는 근거가 따로 없다. 그러나 '감사'는 한자어이고, '고맙습니다'는 고유어라는 점에서 되도록 우리말 표현의 사용을 권장한다고 한다. 이렇게 잘못 알고 있을 법한 상식과 지식의 사실 관계를 정확히 따져보는 것도 UX 라이팅에서 중요한 일이다. 만약 어설프게 인지하고 '감사합니다'를 사용하지 않는 규정을 만들어 버렸다면, 고객 서비스 언어 측면에서는 부정적인 영향을 미칠 수 있다.

국립국어원에서 확인해 준 바와 같이, 일본식 표현이라는 근거가 따로 없으니 공공언어나 공적인 메시지에 당연히 사용해도 된다. 괜스레 죄책감을 느낄 필요도 없고, 알고 보면 쓸모 있는 신박한 잡학 지식처럼 주변에 이런 사실을 알려 주기도 좋다. 결론적으로, 친절함이 강조되는 고객 서비스 언어에는 굳이 '감사하다'를 '고맙다'로 순화하지는 않아도 된다. '감사합니다'의 어감이 더 친절하게 느껴져 고객의 기분을 좋게 하고 어색하게 느껴지지 않는 것이 기업의 이익으로 이어지니 말이다. 이런 예시처럼 어법이나 정서에 큰 문제만 없다면 고객의 기분을 면밀하게 고려한 단어와 표현을 선택하는 것이 좋다.

3. 짧고 간결하게 쓰기

버릴 수 없을 때까지 버려라. 더는 버릴 게 없다는 한계치에서도 한 번 더 버릴 게 있을지 봐야 한다. 정리정돈의 이야기가 아니다. 간결, 또 간결, 그리고 간결, 매 순간 메시지의 미니멀리즘에 도전해야 한다. 간결한 메시지의 필요성은 UX 라이터라면 너무도 잘 알고 있는 정석이자 기본이다. 우리의 고객은 메시지를 꼼꼼하게 보지 않는다. 단어 하나하나, 한 글자 한 글자 고민에 고민을 더해 내놓은 메시지도 고객은 훑어보기 마련이다.

고객은 우리가 예상한 배치 순서대로 메시지를 읽지 않는다. 특히 관심이 있어 일부러 찾은 메시지가 아니라, 우연찮게 스치듯 노출된 광고나 안내라면 더욱 그렇다. 훑어보기를 통해 추려낸 정보로도 고객은 만족한다. 따라서 우리는 고객이 훑어보기 쉬운 메시지, 훑어봐도 이해 가능한 메시지로 고객의 편의를 언제나 최대한으로 도모해야 한다.

글을 써 본 사람들이라면 글을 길게 늘어놓는 것보다 짧게 줄이는 것이 더 어렵다는 것을 잘 알고 있다. 그만큼 어려운 일이지만 짧은 글의 긍정적인 효과가 더 큰 것을 아는 이상 포기할 수 없는 일이다. 오히려 짧을수록 그리고 제한이 있을수록 크리에이티브를 높이고, 잘 정리된 형식을 갖출 수 있는 측면도 있다. 삼행시나 다섯 글자로 말해요 등 일종의 제한된 말하기와 글쓰기는 평범한 사람도 비범한 글쟁이로 만들어 주기도 한다. 무엇보다 기업의 메시지가 길고 조잡하면 고객은 눈길조차 가지 않으니 군더더기가 없는 간결체가 효율적이다.

고객이 자사의 메시지를 읽게 하기 위한 일종의 법칙도 존재한다. 실험과 분석을 통해 파악한 고객 행동 패턴을 기반으로 메시지를 배치하고 길이를 조절한다. 최상단(첫 문장)에 주요 목적이 위치하고, 왼쪽 정렬로 적당한 길이감의 메시지를 배치하는 것도 그런 이유다. 메시지 길이 역시 가독성을 높이는 주요소이다. 문장은 최대한 짧게 써야 한다. 한 문장에 주어 하나, 서술어 하나의 세트 조합이 깔끔하고 좋다. 지나치게 많은 정보는 독이고 잡음이다. 전달하려는 정보와 행동 유도는 최대 2개를 넘지 않아야 한다.

여러 이론과 자료에는 최적의 문장 길이나 텍스트 길이에 대한 글자 수가 나와 있다. 참고는 할 수 있으나, 실제와 다른 경우가 많아 정확한 수치로 가이드화하기는 어렵다. 같은 메시지도, 한 손에 모바일로 보거나, 데스크 위 PC로 보거나, 테이블에 놓인 태블릿으로 보는 등 오늘날은 예전과 달리 사용자 패턴이 다양하고 종잡을 수 없는 시대다. 다소 모호한 '적당히'(정도에 알맞게)가 역설적으로 정확하겠다. 다음은 그 '적당히'를 위해 종합적으로 사고하고 입체적으로 분석해 적용하는 방법이다.

채움 뒤엔 나눔을, 나눔 뒤엔 비움을! 메시지 작성의 기본은 먼저 필요한 메시지의 내용을 채우고, 채워진 메시지들을 주제나 내용에 따라 분류하고, 불필요한 내용들을 덜어내는 것이다. 덜어낸 메시지를 더 이상 덜 수 있는 내용이 없을 때까지 덜어내고 나서야 완성과 완벽에 가까워진다. 이때 희열마저 느껴진다. 인고의 과정이 이런 것인가 하는 생각 마저도 든다. 덜기의 과정에 법칙과도 같은 방법들을 소개한다. 이 순서대로만 덜어 내기만 해도 간결하고 명료한 메시지가 될 것이다.

포인트 덜기

한 문장 또는 한눈에 보이는 메시지에 담긴 강조 포인트는 2개 이하가 좋다. 메시지의 명확성과 전달력을 높이기 위해 메시지 포인트, 즉 소구점은 최대 2개까지 제한하자. 창작은 덜기와 줄이기에서 더 잘 나온다. 핵심을 관통하는 한 구절은 더없이 크리에이티브하다. 또한 감성적인 메시지보다는 행동을 유도할 수 있는 혜택을 강조하는 넛지_{Nudge}가 좋다. 예를 들면 종료임박, 무료배송, 한정수량, 선착순 등의 표현을 사용한다. 직접적인 혜택이 아니라면 최대한 제거한다.

> **예시)** 오늘 오후 6시부터 자정까지 6시간 타임 세일, 한정 수량 판매, 최대 80% 할인받을 수 있는 마지막 기회.
> · 품절임박! 최대 80% 할인

수식어 덜기

불필요한 수식어, 꾸미는 말은 제거하는 것이 깔끔한 문장을 완성한다. 내용의 명료성을 해치거나 주요 정보 파악에 방해가 되는 요소라면 피한다. 관형어나 부사어처럼 뒤에 오는 체언이나 용언을 꾸미거나 한정하는 문장 성분은 꼭 필요한 경우만 남기고 제거하자.

> **예시)** 이 쿠폰은 다른 프로모션의 할인 쿠폰과 중복으로 사용이 불가합니다.
> · 쿠폰 중복 사용은 가능하지 않습니다.

품사(品詞): 단어를 기능, 형태, 의미에 따라 나눈 갈래. 현재 우리나라 학교 문법에서는 명사, 대명사, 수사, 조사, 동사, 형용사, 관형사, 부사, 감탄사의 아홉 가지로 분류한다.

- 관형어: 앞에서 꾸며 주는 문장 성분
  예) 그, 이, 저, -의 등
- 부사어: 뜻을 분명하게 하는 문장 성분
  예) 매우, 이미, 항상, 잘못, 만약, 결코, 즉, 그리고 등
- 체언 : 명사, 대명사, 수사와 같이 주어나 목적어 등의 기능
- 용언 : 동사, 형용사와 같이 서술어의 기능

과한 정보 덜기

고객이나 메시지 타깃에 꼭 필요한 정보만을 전달해야 한다. 이해를 바라는 마음에서 과한 정보, 즉 알지 않아도 될 내부 정보까지 고객에게 알릴 필요는 없다. 때론 짧고 간결한 사실 표현이 더 친절한 메시지가 될 수 있다. 정확한 사실을 기준으로 공개할 수 있는 정보, 꼭 노출할 필요가 있는 정보로만 소통해야 한다.

예시) 일산 물류 센터 자동 분류 시스템이 과부하로 일정 시간 동안 오류가 발생하여, 일부 지역의 배송이 지연되고 있습니다.
→ 시스템 오류로 배송이 지연되었습니다.

중복 표현 덜기

되풀이되거나 겹치게 기재되는 내용도 가능한 한 다른 표기로 변화를 주는 것이 좋다. 메시지를 읽는 사람의 피로도를 줄여주고, 더 자연스럽게 읽히고, 불필요한 정보를 줄일 수 있어 전달이 더 잘되도록 하는 정리 기법이다.

예시)

- **같은 발음의 중복:**

  완성한 특별한 → 완성해 특별한

  패턴으로 설계한 오버핏으로 → 패턴 설계 오버핏으로

- **같은 표기의 반복:**

  세련된 디자인으로 세련되게

  → 세련된 디자인으로 스타일리시하게

  ~9/24(토)까지 ~80% 할인

  → ~9/24(토)까지 최대 80% 할인

부정 표현 덜기

꼭 필요한 메시지 포인트라 제거할 수 없다면, 긍정적인 표현으로 변경하자. 긍정적인 표현으로 끝나는 문장은 부정적인 표현으로 끝나는 문장보다 좀 더 따뜻하고 친절한 느낌을 줄 수 있다.

예시)

- **긍정적인 톤앤매너 표현:**

  거짓말하지 않다. → 진실을 말하다.

  한번에 모두 적용할 수 없습니다. → 하나씩 적용할 수 있습니다.

- **부정어의 부드러운 표현:**

  불가능하다. → 가능하지 않다.

지킬 수 없는 약속 덜기

지킬 수 있을지 확신할 수 없거나, 지켜지지 않을 시 부정적인 경험이 될 약속을 하지 말자. 특히 위기관리나 고객 서비스에서 당장의 위기를 모면하기 위한 막연한 약속과 통상적인 안내보다는 실제 행동과 유용한 정보 등 솔직한 메시지만 남기는 것이 좋다. 재발 방지 및 철저한 관리에 대한 약속이 지켜지지 않을 경우, 실망이 더 클 수 있으므로 지킬 수 없는 약속 대신 실제 진행 가능한 행동을 구체화해야 한다. 고객의 신뢰는 얻기는 어려우나 잃기는 쉽다는 점을 인지하고, 장기적인 신뢰 확보를 최우선으로 한다.

> **예시)** 앞으로 다시는 이러한 일이 발생하지 않도록 최선의 노력을 다하겠습니다.
> → 신속한 복구를 위해 노력하는 중입니다. 조치가 완료되는대로 안내해 드리겠습니다.

기업의 사과 표현은 꼭 필요한 경우만 하는 것이 좋다. 사과는 실수와 실책을 공식으로 인정하는 것이다. 그런데도 명백한 까닭으로 사과의 내용을 담아야 하는 메시지라면 다음을 기억하자.

- 사과가 필요한 땐 사과답게 한다.
  - 잘못된 사과 공지는 오히려 이미지를 실추시킬 수 있음을 인지한다.
  - 진정성 없는 사과는 고객이 먼저 알아차린다.
    '사과하는 척'으로 모면할 수 있는 상황은 없다.

- 거짓말은 절대 하지 말아야 한다. 탄로 나는
   순간, 커진 비난과 나쁜 꼬리표는 꽤 오래간다.

- 사과는 빠르고 바르게 한다.
   - 상황 발생 후 늦어도 24시간 이내, 절차를 거쳐
      논리적인 스토리로 이성적이고 합리적으로 대응
      한다.

- 사과는 너무 길지 않게 한다.
   - 너무 길어지면 진정성이 반감되니 전체 메시지에
      20% 이내 비중을 권장한다.

4. 장기적인 이익에 중점을 두기

   지킬 수 없는 약속과 같이, 순간적으로는 이익과 성과로 예
상될 수 있으나 장기적인 관점에서 조금이라도 부정적일 수 있
는 요소가 있다면 과감하게 제외해야 한다. 이는 글을 쓰는 순간
에는 잘 보이지 않는 부분이다. 작성된 메시지에서 조금만 떨어
져서 다시 살펴보면 이런 요소들은 더 잘 보인다. 한 번 쓴 메시
지라도 다시 살피는 시각과 습관이 필요하다. 다음의 내용은 메
시지 관리 업무를 하며 실무자들에게 항상 공지하는 내용이기도
하다. 입 아프게 말해도 부족하고, 귀 아프게 들어도 모자를 만큼
중요한 부분이다.

유행어 사용은 신중하게 하자

비속어, 사회적 이슈 용어의 사용은 당연히 피해야 함을 알지만, 유행어에는 다소 관대한 편이다. 그러나 유행어 역시 최대한 사용하지 않는 것이 좋다. 이미 고객 언어로 널리 사용되어도 비속어 기반의 용어는 어떠한 사유에서도 사용을 금한다. 반말·비속어와 같이 고객에게 불쾌감을 주는 단어는 특히 사용하지 않아야 한다(예: 짭가능, 짭파시블 등). 단, 꼭 필요하다고 판단될 경우, 즉 콘텐츠를 접하는 고객이 긍정적으로 공감하고, 장기적으로 회사의 이익이 예상될 경우에는 일부 사용할 수 있다. 이 경우, 상위 조직장과 협의해 승인을 받는 것을 권한다.

패러디의 패러다임에 갇히지 말자

머릿속에서 맴도는 특정 대사, 문구가 제일 세련된 표현인 것 같고, 조금만 변형해도 위트와 센스를 겸비한 표현을 끌어낸 기분마저 들 것이다. 매번 같은 글을 쓸 수 없으니 여러 방면으로 변화를 꾀하다 패러디 소재를 찾기도 한다. 그러나 이런 표현은 조금만 지나고 다시 보게 되면, 더없이 유치하다. 현재는 그렇지 않더라도 나중에 부정적인 성향에 치우치거나, 잘못된 표현으로 밝혀지는 경우도 종종 있다. 패러디 소재는 물론 인용한 메시지도 함께 떠올라 부정적인 여론과 비난을 받을 여지도 생길 수 있으니 주의해야 한다.

욕설, 은어, 약어 등은 제거하자

앞서 국립국어원 표준어와 어법에 대한 중요성을 강조하기도 했다. 더는 부연 설명이 필요 없을 정도로 절대 사용하지 말아야 할 표현이 욕설, 은어, 약어이다. 꼭 사용해야 한다면, 현재 사용하고 있는 어투나 사회적 분위기 그리고 어원까지 살펴 조금의 부정 이슈도 없을지 제대로 검증하고, 상위 조직장과 합의 및 확인을 거쳐야 한다. 그러나 되도록이면 대체 가능한 다른 용어나 표현을 사용하는 것이 가장 좋다.

법률과 규제로 이어지는 주의해야 할 표현들

- 성별, 인종, 세대, 장애 등 사회적·정치적 이슈와 차별이 드러나는 표현
- 명백한 허위·과장 광고 문구 또는 의약·의학적 효능 및 효과에 대한 표현
- 신규 론칭, 단독판매, 홈쇼핑 히트, 한정발매 등 사실 증빙이 어려운 표현
- 최고, 최강, 최대, 최소, 최신, 최초, 유일 등 객관성이 결여된 최상급 표현
- 표절 또는 저작권 침해 이슈 등 논란과 법적 분쟁을 일으킬 수 있는 표현

알면서도 자주 잊게 되는 체크리스트이다. 위 내용을 매번 확인할 수 없다면, 이것 하나만 기억해도 좋다. 메시지를 보게 될 단 한 명이라도 상처를 받을 수 있다면 올바른 메시지라 할 수 없다. 도덕적 민감성과 바름의 기준은 날로 높아지고 있다. 문제가 될 표현이라면 과감하게 가감해야 한다. 사회적 흐름뿐만 아

니라 메시지 관리자로서 더욱 고민하는 과정을 거쳐야 한다. 장난스러운 말이 재미있어 모두가 웃더라도 상처받을 누군가를 생각할 수 있어야 한다.

이처럼 고객 커뮤니케이션은 항상 명료하고 유용한 정보를 담고 있어야 한다. 그렇다고 간결성에 지나치게 치중하여 퉁명스러워 보이는 메시지는 피한다. 수사적인 문구로 명확성을 흐리거나 읽기의 흐름을 방해하는 것은 용납하지 않아야 한다. 동시에 어떤 상황에도 고객의 기분을 상하게 해서도 안 된다. 유머와 조롱의 선, 고지식함과 유연함의 선, 바름과 틀림의 선 등 메시지로 이런 선들의 경계를 잘 지켜야 한다.

번복의 반복은 완벽의 완성

한 번 완성한 메시지를 바꿔야 할 때도
부끄러운 것이 아니니 더 담담해지기를
번거로운 고침 후에는 더 단단해질 테니

바른 메시지를 결정하는 수단

요령 (要領)

정답이란 없는 메시지업이지만,
정답에 가까운 메시지를 얻기
위한 방법.

타깃에게 노출할 메시지를 분명하게 제시하고, 그런 메시지만 노출되게끔 관리하는 것이 메시지 담당자와 관리자의 주요 업무 중 하나이다. 명확한 메시지 가이드가 있거나 누구나 인정할 기준이나 수치에 근거한 명쾌한 피드백을 줄 수 있는 경우라면 별 문제 없다. 문제는 그렇지 않은 경우다. 대부분의 메시지 상황이 이렇기도 하다. 글감으로 넘겨져 메시지를 작성하거나 임시 작성된 메시지를 스크리닝screening¹하고 수정된 내용으로 다시 제안할 때도 마찬가지다.

메시지의 결정과 허용을 위한 근거로 추가 정보가 필요하다면 담당자에게 물어보면 된다. 어떤 메시지든 작성과 검토를 하려면 그 글감과 소재에 대해 누구보다 잘 파악해 결론을 내야 한다. 문제는 메시지를 요청한 담당자와 메시지 전문가 또는 최종 결정권자라 해도 주관적인 판단을 더 해야 할 때다. UX 라이팅에도 '요령'이 필요해진 순간이다.

'요령'의 사전적 의미를 살펴보면 세 가지가 있다. 가장 중요하고 핵심이 되는 줄거리, 경험을 통해 얻은 이치나 방법, 적당히 해 넘기려는 얕은 꾀 등이다. '요령'이라 하면 세 번째 의미처럼 '요령을 피우다/쓰다/부리다'와 같이 다소 부정적인 어투가 먼저 떠오를 것이다. 그러나 여기서 중점적으로 말하고자 하는 요령은 두 번째 의미에 더 가깝다. 자칫 부정적인 용어로도 써 온 '요령'이란 단어를 대체할 표현으로 '지혜'(사물의 이치를 빨리 깨닫고 사물을 정확하게 처리하는 정신적 능력)나 '방법'(어떤 일을 해 나가거나 목적을 이루기 위하여 취하는 수단이나 방식)으로 기재하지 않은 이

| 교정/교열/윤문을 통해 잘못 쓰인 메시지를 거르고, 고객 경험에 부정적인 요소마저 걸러내는 과정을 말한다.

유는 업무상 빠른 결정과 처리를 위해, 요령을 피우는 것 또한 어느 정도 맞기 때문이다. 요령껏 알려 주고 싶은 요령이다. 나름 지혜와 꾀로 다음의 요령을 터득하길 바란다.

1. 최적의 답을 찾아 선택하기

여러 대안을 역으로 제안하는 방법이다. 글로 밥을 먹는 프로답게, 글감의 방향성에 명확한 길을 제시하며 단 하나의 안으로 확실하게 제안하는 것이 좋다. 하지만 모든 업무가 그렇듯 그럴 수 없는 경우도 종종 있다. 사전 지식을 위한 전달사항을 제대로 받지 못하고 긴급하게 요청하거나, 프로젝트 중간에 투입되거나, 사안이 다소 중요한 경우 등 글자 하나하나 집요하게 고민할 여유가 없는 상황이 많이 있다. 이럴 땐 최대한 빠르면서 제대로 된 해결을 위해 요령을 피워도 된다.

최적의 답을 찾기 위한 대안을 좁혀 함께 선택하는 것은 배경지식을 더 잘 알고 있는 실무 책임자와 논의하기 전, 빠르게 결정하기 좋은 소스를 먼저 제공하는 방식이다. 주관식으로 온 문제를 객관식 문제로 바꾸어 역으로 정답을 고르게 하는 것이라 이해하면 쉽다. 글감을 받아 최종 메시지를 바로 전달하는 것이 아니라, 다시 논의감으로 여러 안을 제시하고 의견을 전달받아 최종, 최적의 메시지를 골라낸다. 더 빠른 결정이 필요할 땐 직접 대면 미팅으로 이견을 조율해 결정할 수도 있으나, 실무에서는 일일이 그럴 수 없다.

따라서 여러 버전으로 메시지를 정리해 결과물로 논의하는 것이 좋다. 공유 문서나 메일 등의 서면이든 직접 미팅을 통한 대면이든 역으로 제안하기 위해 준비하는 방법은 모두 같다. 메시지 전문가가 다시 추려 정리한 선택지 중, 오너 부서 혹은 기획 의도나 전달 목적을 가장 잘 알고 있는 실무 담당자와 함께 고른 메시지를 최종 선택하면 된다. 물론 이럴 필요없이 충분한 분석과 도출을 위한 시간적 여유가 갖춰지는 것도 좋은 방식이다.

글쓰기는 '힙력'이라는 말도 있다. 이는 오래 앉아 있을 수 있는 엉덩이의 힘이 좋은 글을 이끄는 경우가 많다는 의미다. 오래 앉아 고민할수록 좋은 글이 나온다는 것에는 동의한다. 그러나 실무에서는 중요한 글일수록 그러한 경우는 드물다. 기업의 업무 특성상 빠르게 결정되어야 다음 단계로 넘어갈 수 있는 것이 대부분이다. 따라서 최선책에 가장 가까운 차선책으로 엄선해 권하는 것이라고 이해하면 좋다.

만약 하나의 메시지나 프로젝트에서 메시지를 결정해야 할 사람이 여러 명이라면 다 같이 한데 모여 그 자리에서 빠르게 결정하는 방식도 좋다. 각 분야와 위치의 시각으로 점검하고 더해진 의견을 종합해 최적의 답을 찾아내는 것 또한 UX 라이터의 역할이다. 사실 그래야 더 탈이 없기도 하다.

주요 콘셉트별, 소구별, 포인트별로 나눠 충분히 논의하고 결정하는 것은 정답에 가까이 갈 수 있는 가장 빠른 지름길이 된다. 함께 만들고 고민하기, 오너 부서 또는 요청 부서 협업자들의 말에 귀 기울이기가 도움이 될 것이다. 나의 전문성을 의심할까 우려해 의견을 닫고 버티는 것보다 열린 태도를 가지는 것이 다른 업은 물론 UX 라이팅에서도 더 좋다. 함께 일하면 즐거운 동료가 되는 것은 바른 메시지를 이끈다.

메시지 길이에 따른 버전

　고객에게 직접 발송되어 피드백이 즉각적일 수밖에 없는 다이렉트 메시지 중 문자 메시지를 예시로 살펴보면, 많은 기업이 비용이 저렴한 SMS 단문 메시지를 선호한다. 단 비용 대비 이익률이 높게 예상되거나 꼭 필요한 경우라면 LMS 장문 메시지를 사용한다. 그렇지 않다면, 비용 절감과 함께 불필요한 정보 제공 없이 간결하게 결과만을 알려 줄 수 있는 단문 메시지 SMS(글자 수 90byte 미만)가 좋다. 하지만 링크URL나 추가적인 정보 제공을 함께할 수 없는 경우가 많기 때문에 비용과 광고, 의문점 없는 안내, 고객 편의성 등 여러 사안을 종합적으로 판단하여 결정해야 한다.

SMS 간결한 버전

고객님의 무료 체험이 종료되었습니다.
확인: {LINK}

▶ 단문 메시지는 간소화된 링크 주소까지 추가 가능할 시, 고객 편의를 위해 추가해 주는 것이 좋다.

LMS 자세한 버전

제목: 무료 체험 종료 안내
본문: 고객님께 드렸던 무료 체험 혜택 기간
이 종료되었습니다.
종료일: {DATE}
이용 현황은 '마이 페이지'를 확인해 주세요.

마이 페이지 바로 가기: {LINK}

▶ 장문 메시지는 제목과 본문으로 구분되며, 보다 친절한 톤앤매너와 부가적인 정보까지 나열하기 좋다.

그림 2-1. 글자 수와 구성에 따라 톤앤매너와 비용의 차이가 분명한 문자 메시지

강조 포인트에 따른 버전

고객에게 무엇이든 유도하는 행위를 포함한 메시지는 광고 행위로 판단되어 (광고) 메시지의 요건을 갖추어야 한다. 사실에 기반한 안내만 내용에 기재될 경우 (광고)가 붙지 않을 수 있다. 이러한 경우 (광고) 메시지 조건과 규정에 부합하지 않아도 되어 상황에 따라 선택 가능하다. 장기적인 이익에 어떤 메시지 타입과 버전이 더 도움이 될지 논의해 판단하면 좋다.

(광고)는 메시지 맨 앞에 붙여야 한다. 정보 끝부분에는 고객이 수신 거부를 할 수 있는 방법이 명확하게 제시되어야 한다. 반면 고객에게 필요한 행동 요구를 메시지에 담아 직접적으로 유도할 수 있다.

변경 전

(광고) 무료 체험을 계속 누리고 싶다면 아래 링크를 눌러주세요.
혜택을 계속 이용하기: {LINK}
무료 수신 거부: {000-000-0000}

변경 후

제목: (광고) 무료 체험 종료 안내
본문: (광고) 고객님께 드렸던 무료 체험 혜택 기간이 종료되었습니다.
▶ 종료일: {DATE}

추가 무료 체험 기회 찬스!
계속해서 멤버십 서비스 이용을 원하신다면, 아래 링크를 통해 4/9(화)까지 신청해 주세요. 추가 무료 체험 기회를 드리겠습니다. 신청하지 않으면 자동으로 혜택이 취소됩니다.
☞ 추가 무료 체험 신청하러 가기: {LINK}

무료 수신 거부: {000-000-0000}

그림 2-2. 무료 체험 기간 종료를 알리고, 유료 회원 전환을 위한 소구점을 달리하는 버전

함께 알아 두면 좋을 관련 법률

정보통신망 이용촉진 및 정보보호 등에 관한 법률(약칭: 정보통신망법)

① 누구든지 전자적 전송매체를 이용하여 영리 목적의 광고성 정보를 전송하려면 그 수신자의 명시적인 사전 동의를 받아야 한다. 다만, 다음 각 호의 어느 하나에 해당하는 경우에는 사전 동의를 받지 아니한다. <개정 2016. 3. 22., 2020. 6. 9.>

1. 재화 등의 거래관계를 통하여 수신자로부터 직접 연락처를 수집한 자가 대통령령으로 정한 기간 이내에 자신이 처리하고 수신자와 거래한 것과 같은 종류의 재화 등에 대한 영리목적의 광고성 정보를 전송하려는 경우

2. 「방문 판매 등에 관한 법률」에 따른 전화 권유 판매자가 육성으로 수신자에게 개인정보의 수집 출처를 고지하고 전화 권유를 하는 경우

② 전자적 전송매체를 이용하여 영리목적의 광고성 정보를 전송하려는 자는 제1항에도 불구하고 수신자가 수신 거부 의사를 표시하거나 사전 동의를 철회한 경우에는 영리목적의 광고성 정보를 전송하여서는 아니 된다.

③ 오후 9시부터 그 다음 날 오전 8시까지의 시간에 전자적 전송매체를 이용하여 영리목적의 광고성 정보를 전송하려는 자는 제1항에도 불구하고 그 수신자로부터 별도의 사전 동의를 받아야 한다. 다만, 대통령령으로 정하는 매체의 경우에는 그러하지 아니하다.

④ 전자적 전송매체를 이용하여 영리목적의 광고성 정보를 전송하는 자는 대통령령으로 정하는 바에 따라 다음 각 호의 사항 등을 광고성 정보에 구체적으로 밝혀야 한다.

    1. 전송자의 명칭 및 연락처
    2. 수신의 거부 또는 수신 동의의 철회 의사 표시를 쉽게 할 수 있는 조치 및 방법에 관한 사항

:
:
:
:
:

[이하 생략]
[전문개정 2014. 5. 28.

변경 전

👤 추가 확인을 위해 연락을 드렸으나, 통화가 어려워 문자로 전달드립니다.

변경 후

추가 행동 유도를 중점으로 안내 ver.

👤 추가 확인을 위해 연락을 드렸으나, 통화가 어려워 문자로 안내해 드립니다. 전화 또는 채팅 문의를 통해 통화가 가능한 시간대를 알려 주시면 다시 연락드리겠습니다.

안내 완료 마무리를 중점으로 안내 ver.

👤 추가 확인을 위해 연락을 드렸으나, 통화가 어려워 문자로 안내해 드립니다. 고객님께서 주신 소중한 의견을 적극적으로 반영해 더욱 성장하는 계기가 되도록 하겠습니다.

그림 2-3. 전화 연락을 받지 않은 고객에게 문자로 안내할 경우

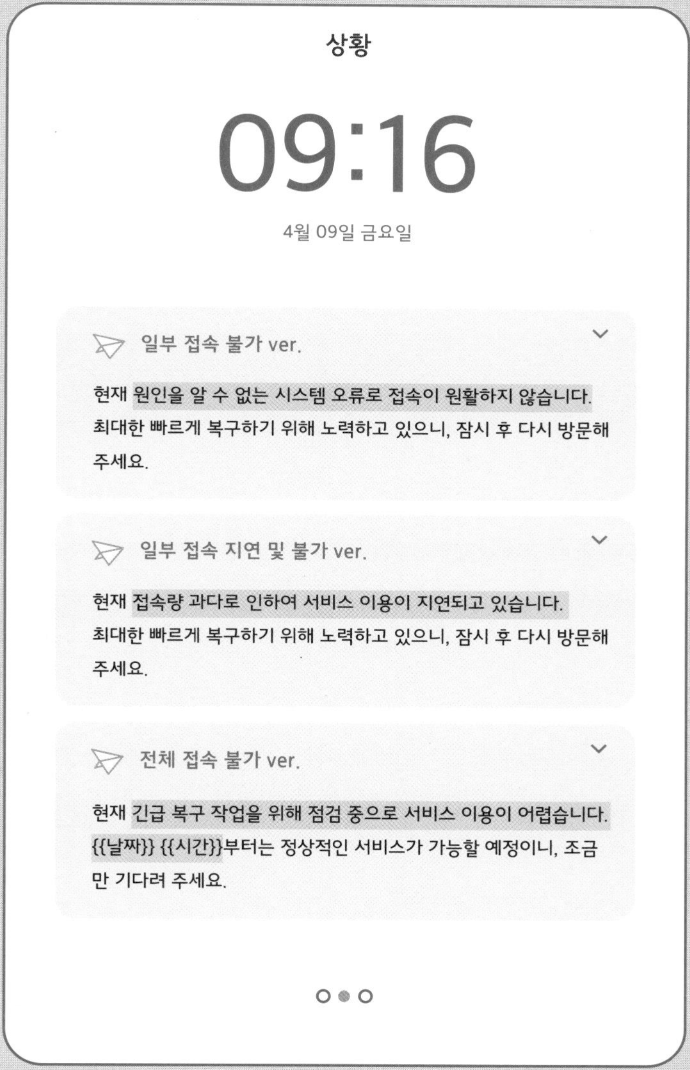

09:16

4월 09일 금요일

✈ 일부 접속 불가 ver. ⌄

현재 원인을 알 수 없는 시스템 오류로 접속이 원활하지 않습니다.
최대한 빠르게 복구하기 위해 노력하고 있으니, 잠시 후 다시 방문해
주세요.

✈ 일부 접속 지연 및 불가 ver. ⌄

현재 접속량 과다로 인하여 서비스 이용이 지연되고 있습니다.
최대한 빠르게 복구하기 위해 노력하고 있으니, 잠시 후 다시 방문해
주세요.

✈ 전체 접속 불가 ver. ⌄

현재 긴급 복구 작업을 위해 점검 중으로 서비스 이용이 어렵습니다.
{{날짜}} {{시간}}부터는 정상적인 서비스가 가능할 예정이니, 조금
만 기다려 주세요.

○ ● ○

그림 2-4. 실제 사유(사실)를 드러내 이해를 구하고, 궁금증을
미리 해결해 주려는 메시지

2. 집단 지성을 십분 활용하기

확실한 근거가 될 만한 수치나 사례로도 상대를 이해시키기 어렵거나, 사안이 중요하고 긴급하게 결정이 필요한 상황일 때 좋은 방법이다. UX 라이터가 직접 메시지를 주요 안건으로 회의를 요청하거나, 메시지 검토를 요청한 담당자가 UX 라이터를 포함하여 유관 실무자, 결정권을 지닌 리더들과의 업무 미팅을 소집한다. 한 자리에서 '바로, 직접, 함께' 논의해 결론을 내는 것이다. 집단 지성의 힘으로 메시지를 완성하는 것이니, 이견과 의견이 바로 조율되고 입체적으로 검토할 수 있어 좋다.

집단 지성은 상위 조직장이나 조직 전체의 의사결정이 필요한 사항에 자주 활용된다. 메시지 노출 방향부터 꼭 들어가야 할 내용, 조직에서 바라는 톤앤매너, 효과적으로 예상되는 단어 선택 등을 더 세밀하게 논의하고 결정할 수 있다. 예를 들어 한 주제에 대해 기획, 개발, 디자인, 메시지, CS, 운영 등의 부서별 시각을 더해 검증하고 보완할 수 있다. 무엇보다 빠른 결정에 필요한 인력이 한자리에 있어 의사결정의 속도에서도 단연 유리하다. 다시 검토할 이슈나 불필요한 수정 과정도 없어진다.

국립국어원 우리말샘에서는 '집단 지성'을 '집단 구성원들이 서로 협력하거나 경쟁하여 쌓은 지적 능력의 결과로 얻어진 지성. 또는 그러한 집단적 능력'으로 풀이한다. 여기서 '집단적 능력'이란 단어에 집중해 보자. 사공이 많으면 배가 산으로 간다지만, 하나의 목적을 위해 협력만 잘한다면 배는 산을 넘어 어디든 갈 수 있다. 혼자서는 결코 생각지 못할 영역까지 검증하고, 수준을 끌어올릴 수 있는 것이다. 물론 필수 인력만 모인다 해도 미팅 일정 조정을 위한 시간도 무시할 수 없으니, 더없이 빠르게 결정해야 할 사안에선 일일이 집단 지성으로 결과물을 낼 수만은 없다. 안건의 중요성이 남다른 사안과 상황 위주로 집단 지성의 힘을 빌리는 것을 권한다.

조직 내 별도의 '메시지 위원회'를 구성해 정기적으로 주요 메시지 안건을 리뷰해 결정하는 것도 집단 지성을 활용하는 또 다른 방법이다. 정기적으로 부서별 전문 인력과 함께 대고객 메시지 사안이나 메시지 템플릿(정기적으로 꾸준히 사용할 양식) 등을 결정한다면 누구도 의심할 여지없이 안정적이면서 효과적인 결과물을 이끌어 낼 수 있다. 만약 당신의 기업에서 이런 부류의 메시지 위원회를 체계적으로 갖추거나 미팅 소집이 어렵다면, 간소화해 꼭 필요한 메시지 최종 결정 라인을 미리 정해 놓기를 권한다. 즉시 공유하고 논의하거나 스터디할 수 있도록 협업 툴 등을 사용해 미리 메시지 결정 그룹을 생성해 놓는 것도 대안이 된다. 집단 지성을 활용한 프로세스는 기업의 부정 이슈에 대응하여 무엇보다 빠르고 바르게 커뮤니케이션해야 하는 메시지, 즉 사과문이나 공지글 등 위기관리 메시지에서 더 빛을 발한다.

기업의 '위기관리 전략 매뉴얼'

대내외 위기에 대비하여 전략적 대고객 메시지 준비와 대응 체계를 구축할 때 가장 먼저 생각해야 할 것이 누가 먼저 대응해 초안을 작성하고, 누가 최종 결정을 할 것인가이다. 초안 작성자와 최종 결정자가 같을 수 없다는 말이다. 최소 한 번은 검토된 메시지로 대응해야 한다. 우선 위기가 발생하면 시스템대로 이루어지기 어렵다. 긴급하게 담당자들과 리더들이 소환되어 업무를 처리하기 때문이다. 그럼에도 불구하고 관리하는 주체와 부서는 무엇이 더 필요하고, 무엇을 덜어야 하는지 알고 체크하기 위한 시스템이 필요하다.

대응 체계는 사고 전에 이미 구축해 놓아야 한다. 치명적인 사건/사고를 인지했을 때 이미 어느 채널, 어느 부서, 어떤 구성원들과 논의해야 하는지 미리 알고 있어야 하는 것이다. 우리가 컨트롤할 수 없는 대내외 위기에 대비하여 준비와 대응 체계를 철저히 하는 것이 필요하다. 이는 즉각적인 대응이 가능한 시스템이어야 한다. 사건/사고는 근무시간 외 시간대와 주말이나 공휴일이라고 쉴 리가 없다. 오히려 빠르게 대응하기 어려운 시간대에 어떻게 대응할지 대비해야 한다.

예를 들어, 군부대나 소방 기관의 반복 훈련처럼 교육과 훈련을 통해 실제 위기 상황에서 당황하지 않고 질서 정연하게 움직이게 되는 것처럼 말이다. 마찬가지로 피해를 최소화하고 즉각적인 대응을 위한 훈련과 준비를 통해, 기업과 브랜드에 치명적인 위기 상황에도 당황하지 않고 빠른 공유와 대응과 함께 바른 메시지로 고객과 소통할 수 있을 것이다. 당황하여 고객과 사회의 자극에만 민감하게 반응하기보다는 입체적으로 이해하고 대응할 수 있어야 한다.

또한 내가 속한 기업이 어떤 위기 상황에 처할 수 있는지 예상해야 한다. 실제 개별 위기 상황에서 매뉴얼화한 위기관리 사과/공지 템플릿 등을 통해 빠르게 대응하고 보완할 수 있기 때문이다. 동종 업계 사건/사고 사례와 각 대응 위기관리 메시지, 고객 반응 등을 사례별로 미리 정리해 놓으면 언제든 참고할 수 있어 좋다. 또 내부 고객센터나 법무팀에서의 고객 대응 정책과 스크

립트, 기존 사례들도 함께 파악하고 있어야 자사에 맞는 제대로 된 대응이 가능하다. 위기관리 멤버는 법무, 운영, 외부 커뮤니케이션(언론홍보), 내부 커뮤니케이션(사내관리), CS, 메시지 담당자 등 각 분야 책임자뿐만 아니라, 때로는 CEO까지 핵심 멤버로 구성된다. 위기관리 유형에 따라 재무와 개발 책임자 등이 구성원에 추가될 수 있다. 집단과 논의하기 전 기본이지만 간과하기 쉬운 위기관리 메시지 기본 요건을 요약하면 다음과 같다.

[위기 전에 매뉴얼화하기] 준비된 매뉴얼과 프로세스, 템플릿화된 메시지와 대비 상황을 인지해 두면 빠르고 적절하게 대처할 수 있다.

[위기의 본질로 소통하기] 위기가 발생했을 때 우리는 먼저 위기 상황을 완전히 파악하고, 적절한 메시지로 고객(회원)과 소통해야 한다.

[다시 이용할 믿음을 주기] 우리는 이 상황을 잘 파악하고 있다는 메시지를 먼저 노출하여 안심시킨 후, 신뢰감을 줄 메시지를 안내한다.

[한결같은 태도로 임하기] 위기 때 우리가 내놓은 메시지는 무엇보다 일관성이 있어야 한다. 번복은 꼭 필요한 경우에만 신중히 결정한다.

[필수 안내 요소 파악하기] 정확한 사실을 기준으로 공개할 수 있는 정보, 꼭 노출할 필요가 있는 정보로만 소통해야 한다. 물타기는 금물이다.

뜸에서 듦으로

뜸을 들인다는 것은
단지 시간적 여유가 아니니
덜 익은 메시지라면
공들이고 공을 들여
잘 익은 메시지만 수확하고
포장해 내어 놓을 것

바른 메시지로 의식하는 책임

공공성 (公共性)

단순한 텍스트를 넘어
공공성으로 읽는 메시지의 가치.

메시지에는 힘이 있다. 그러므로 불특정 다수에게 노출하는 기업의 메시지라면 더욱더 책임을 갖고 공공성을 띠어야 한다. 생각을 입으로 전하는 말은 그 사람을 있는 그대로 보여 준다. 말에 드러나는 그 사람의 개념에 실망하거나, 말속 배려에 감동하는 등 우리는 상대의 말에 실망도 하고 홀리기도 한다. 입과 손에서 나온 말 한마디와 글자 하나에도 얼마나 많은 힘이 있는지 항상 새겨야 한다. 입으로 뱉은 말과 손으로 쓴 글이 전달되는 것은 순식간이지만, 메시지에 대한 책임은 오래 가기 때문이다.

일단 말이 들리면 듣게 되고, 눈앞에 글이 있다면 자연스레 시선이 향하여 읽고 인지하게 된다. 아침에 눈을 떠 확인하는 휴대전화 화면의 메시지를 시작으로 우리의 일상은 메시지에 둘러싸여 있다. 단 한 순간도 낭비하지 않는 반응형·추적형 온라인 디스플레이 광고나, 단 한 공간도 낭비하지 않는 지하철, 엘리베이터 등의 오프라인 광고까지 메시지가 빈틈없이 채우고 있다.

글자가 보이면 읽고 정보를 획득해 판단하고 활용하는 현상을 '인지'라 한다. 우리말샘에서는 '**인지(認知)**'를 '자극을 받아들이고, 저장하고, 인출하는 일련의 정신 과정. 지각, 기억, 상상, 개념, 판단, 추리를 포함하여 무엇을 안다는 것을 나타내는 포괄적인 용어'로 풀이한다. 비슷한 말로는 '인식'이 있다. 한국어기초사전에서 '인식'의 풀이를 살펴보면, '무엇이 분명히 깨달아지고 이해되다'이다. 일단 눈에 띄면 읽고, 판단하고, 습득하게 되는 것이 메시지의 기본 특징이다. 여기에 전략을 더해 읽을 수밖에 없도록 설계된 기업의 메시지라면 그 책임이 막중함을 특별히 더 의식해야 한다.

인지됨을 인식하고 의식해라

　　기업의 메시지에서 공공성이란, 기업이나 개인의 이익보다 사회 전체의 이익을 우선하는 것이다. 따라서 공정거래위원회와 같은 정부 행정기관은 허위, 과장 광고 등 공공성에 반하는 기업의 행위와 메시지를 제한하고 금지한다.

　　그럼에도, 바르지 않은 표기로 혼란을 주는 브랜드명과 제품명이 있다. 최근 일부 기업은 이를 바로잡는 등 변화를 주었으나 이미 사회 구성원 대부분에게 익숙한 표기가 되어 버린 지 오래다. 익숙한 표기를 바른 표기로 잘못 인지하고 있는 것이다. 대표적인 예로 아이스크림 설레임을 꼽는다. '설레임'이란 상품명으로 인해, '설레다'(마음이 차분하지 않고 들떠서 두근거리다)의 명사형 '설렘' 대신, 잘못된 표기인 '설레임'을 사용하는 사람이 많아졌다.

　　아이스크림 '설레임'은 고유명사로 눈 설(雪), 올 래(來), 물 뿌릴 림(淋) 등 각 한자를 사용한 언어유희라 밝혔다. 무조건 기업의 잘못이라 하기는 어려우나, 국민 대부분에 잘못된 표기를 더 많이 인지하게 된 데 영향을 끼친 사실은 변함이 없다. 국립국어원 우리말샘에서도 '설레임'과 '설레이다'는 각각 '설렘'과 '설레다'의 잘못된 표기라 밝히고 있는 것만 봐도 알 수 있다. 이와 함께 '설레는, 설레서'가 '설레이는, 설레여서' 등으로 잘못 사용되기도 한다. 피동을 뜻하는 '이'가 붙지 않아야 한다. 굳이 써야 한다면 '설레어, 설레어서'와 같이 사용해야 한다.

　　또 다른 예로, '야채'를 들 수 있다. 야채가 일본어 투 표기라는 뚜렷한 근거는 없으나, 권장 표현인 '채소'가 널리 사용되지 않는 것은 '하루야채' 음료의 영향이 어느 정도 있을 것이다. '오뚜기' 역시 규범 표기는 '오뚝이'가 바르다. '야쿠르트'의 표준어는 '요구르트'다. '휠라' 역시 외래어 표기법 규칙에 따르면 '필라'가 바르다. 이와 비슷하게 '피트니스'를 '휘트니스'로 잘못 표기한 시설도 꽤 많다. 이렇듯 살펴보면, 주변에 정말 많은 메시지 오류들이 널려 있음을 알 수 있다.

그른 표기 VS 바른 표기

기업의 메시지에 종종 드러나는 실수나 오류를 오랜 기간 자주 접하다 보니 틀린 문법조차 무의식적으로 바른 문법이라 착각하는 경우가 대부분이다. 광고나 제품명, 브랜드명 등의 잘못된 표현은 우리 말과 글을 오염시키는 데 영향을 끼친다. 고유명사라 무조건 틀렸다고 할 수는 없으나, 맞춤법과 표기법에 어긋나 잘못된 문법을 착각하게 한 책임은 피할 수 없다. 앞서 대표적인 사례로 여과 없이 언급한 기업들의 잘못을 꼬집고 비판하려는 게 절대 아니다. 그만큼 기업의 공공성은 중요하며 영향력이 크다는 점을 말하고자 함이다.

실제 우리가 자주 접하고 알고 있던 명칭도 잘못된 표기일 수 있음을 인식하고 의심해 보기를 바란다. 만약 이 책을 읽기 전에 몰랐던 사실을 깨닫게 된 부분이 있었다면, 그만큼 기업과 브랜드명이 공공에 끼친 영향력이 크다는 의미를 더 확실히 알게 되었을 것이다. 공공성뿐만 아니라 상식을 위해 알아 두면 좋을 외래어 표기법을 살펴보자.

그른 표기	바른 표기	그른 표기	바른 표기
숏	쇼트	린넨	리넨
그라데이션	그러데이션	에슬레져	애슬레저
컨텐츠	콘텐츠	콜렉션	컬렉션
스트릿	스트리트	후리스	플리스
쥬스	주스	수트	슈트
바디	보디	가디건	카디건
앰플	앰풀	리버시블	리버서블

　한글 어문 규정만큼 외래어 표기법 역시 예민하다. 여기서 예민하다는 의미는 한국어기초사전에 풀이된 세 가지 의미 중 '자극에 대한 반응이나 감각이 지나치게 날카롭다'와 딱 맞아떨어진다. 같은 발음과 표기의 영문이라도 같은 한글 표기 법칙을 일괄 적용하면 안 되는 것이 많기 때문이다.

　한 번의 연속 촬영으로 찍은 장면인 shot의 표기는 숏이지만, 쇼트컷, 쇼트 팬츠, 쇼트 트랙과 같이 '짧다'는 의미인 short는 쇼트로 대부분 표기가 바르다. 물론 샷shot(골프 따위에서 공을 한 번 치는 일)처럼 단어에 대한 관습과 심의 시기에 따라 표기법이 다른 경우도 종종 있다. 여기서 바른 표기는 예외 규정보다는 대부분의 규범 표기로 본다.

　이 밖에도 쌍점(:)의 바른 표기는 앞은 붙이고 뒤는 띄우는 것인데 앞뒤로 모두 띄우는 경우가 있다. 또한 외국어와 달리 우리말 문장 끝에 마침표(.)나 끝맺음 기호가 없다면 어색하고 표기도 바르지 않으나, 영어 문장과 같이 마침표를 붙이지 않은 광고 메시지도 있다. 어문 규정에 깨어 있는 메시지 담당자라면 기업 내외부적으로, 즉 교육적·사회적으로 언어의 공공성을 위해 바른 표기를 지키기 위해 노력해야 할 '책임'이 있다.

책임(責任):

1. 맡은 일이나 의무.

2. 어떤 일의 결과에 대해서 가지는 의무나 부담.
   또는 그 결과에 따른 불이익.

3. 법을 어긴 사람에게 법적 불이익을 주거나
   제한을 두는 일.

공공 언어를 관리하는 주체이기도 한 국립국어원에 공공 언어과가 따로 있는 점만 봐도 공공성을 중요하게 여기고 있다는 것을 짐작할 수 있다. 우리말샘에 등록된 '공공 언어'의 풀이를 통해 자세히 의미를 살펴보고 알고 있으면 UX 라이팅에 도움이 된다. 공공 언어는 정부 및 공공 기관에서, 사회의 구성원이 보고 듣고 읽는 것을 전제로 사용하는 공공성을 띤 언어를 통틀어 이르는 말이다. 각종 공문서, 대중 매체, 거리에서 쉽게 볼 수 있는 현수막이나 간판, 계약서·약관·사용 설명서, 교양서적, 대중을 상대로 한 강의 등에서 사용하는 언어가 이에 해당한다.

공공 언어는 기자나 아나운서, 프로듀서, 작가처럼 전통적인 대중 매체 종사자라면 기본적으로 배우고 익혀 알고 있는 개념이다. 그러나 이에 관한 특별한 교육을 받지 않은 사람들은 그 차이와 중요성을 인지하지 못할 수 있다.

다음의 내용은 조심스럽게 읽기 바란다. 이쯤에서 미리 경고한다. 다음 문단을 읽기 전으로 절대 돌아갈 수 없을 것이다. 이는 방송 프로그램을 보는 시각을 완전히 바꾸어 놓을 것이다. 다시는 전처럼 영상 프로그램을 마냥 즐길 수 없을지도 모른다. 자, 이제 우리가 자주 보는 '방송 프로그램의 자막과 출연자의 말이 왜 다를까?'를 유심히 살펴보기를 권한다.

공공 언어의 가장 대표적인 예는 방송 자막이다. 뉴스는 물론 다른 프로그램도 마찬가지다. 가볍게 즐길 수 있는 예능 프로그램 역시 어느 정도 이슈가 없을 정도만 허용한다. '방송 통신 위원회'에서 방송의 공정성과 공공성을 보장하기 위해 심의를 하며, 올바른 언어 사용 분위기를 조성한다. 예를 들어, 어느 출연자가 '콜라보'라고 말하면 자막은 '컬래버'나 '컬래버레이션'으로 적혀 있는 식이다. '야채'는 '채소'로, '컨셉'은 '콘셉트'로, '매니아'는 '마니아'로 변경하는 등 외래어 표기법을 기준으로 자막을 표시한다.

혹시 그동안 전혀 눈치채지 못했다면, 지금부터 TV 프로그램을 시청할 때 자막을 유심히 보길 바란다. 방송사 역시 바른 언어 표기를 준수해 사회 구성원 전체의 이익과 공공성을 제고하기 위해 노력하고 있다. 평소 즐겨 보는 방송이나 영상 프로그램의 메시지도 공부나 업무적으로 생각할 계기가 된다. 바꿔 말하면 메시지 업무에서는 쉼도 일이 되고, 배움이 놀이처럼 느껴질 수도 있다. 무엇이든 긍정적인 측면을 먼저 보기 바란다.

이제 사람들은 일상에서 전화나 대면 대화보다 댓글이나 톡, 채팅을 더 선호하게 되었다. 전화 상담이 대부분이었던 고객센터 업무도 채팅 상담이나 1:1 문의 게시글 응대로 상당 부분 넘어온 지 이미 오래다. 그만큼 말보다 글이 익숙하고 편한 시대다. 우리의 고객 역시 마찬가지다. 즉각적이고 다시 담을 수 없는 말과 달리 글은 전달하기 전 충분히 수정이 가능하다. 그런데도 잘못 노출된 메시지나 오타는 그 사람의 수준을 가늠할 수 있는 지표가 되기도 한다.

특히 말하는 주체가 기업일 때는 기준이 한 층 더 높아질 수밖에 없다. 목적을 이루고 이익을 창출하기 위한 기업의 메시지는 공공성과 함께 기업의 수준을 가늠하는 기준이 된다는 사실을 알아야 한다. 우선 노출된 메시지에 대한 책임을 의식해야 한다. 단 한 번의 실수로 돌아선 고객의 마음을 다시 돌리는 것은 질릴 대로 질려 헤어짐을 말한 연인을 붙잡는 것만큼이나 어려운 일이다. 이미 늦은 후에는 답이 없다는 의미이기도 하다. 기업의 가장 흔한 변명이자, 사실일 수밖에 없는 '미처 몰랐다'는 말처럼, 이슈가 되고 질타를 받을 때 문제가 될지 예상하지 못했다는 말은 용납되지 않는다. '생각지도 못했다'가 정말 사실일 수는 있어도, 그 말만큼 가장 무책임한 표현도 없다.

기업과 고객의 관계를 연인 관계로 비교해 보면 더 쉽게 이해된다. 연인 관계처럼 상대에게 사랑받고 있을 때 잘해야 한다. 다만, 연인 관계에서는 나의 말과 글을 검토해 줄 사람이나 관리해 줄 전문가가 없지만, 기업은 그에 맞는 전문가를 둘 수 있다. 고객에게 노출되기 전이라면 언제든 검수 및 교정하면서 문제를 제거하고, 문젯거리를 만들지 않아야 한다. 애초에 상처를 주는 말과 행동 자체를 전혀 하지 않는 것이다.

정치인이나 유명인, 공인에게 더 높은 잣대와 기준으로 윤리와 도덕적인 언행을 요구하고 기대하는 바와 같다. 고객은 '몰랐다'는 기업의 변명을 절대 용납하지 않음을 알아야 한다. 그것이 사회적으로 민감한 사안일수록 기업이 먼저 알고 있어야 하고, 그런 자질과 메시지 수준이 기업에 요구됨은 너무도 당연하다. 그러기 위해 기업은 공공성을 띤 언어, 공공 언어를 사용해야 한다.

곰곰이 따져도 공공 언어

쓸 땐, 생각은 유연하되 기준은 단단하게
볼 땐, 곰곰히 되씹어도 수준이 판단되게

바른 메시지의 마무리는 독백

<u>낭독</u>(朗讀)

혼자서 중얼거리듯 소리 내어
읽는 오프라인 맞춤법/문법 검사.

손으로 쓰고 눈으로 확인해도, 입으로 소리 내 읽으면 다르다.

낭독이라는 고상한 단어가 있지만, 실상은 '혼잣말' 또는 '중얼거리다'에 더 가깝다. 남의 메시지에서 잘못된 점을 찾기는 쉬우나 정작 내가 쓴 글에서 오류를 찾기는 더 어려운 법이다. 이를 보완하는 방법은 완성된 원고를 한 번 더 소리 내 읽어 보는 것이다. 내가 작성한 글이든 남의 글이든 메시지를 검토할 때 으레 혼잣말로 읽어 본다. 최대한 업무에 방해되지 않도록 조용히 중얼거려도 주변에 앉은 동료라면 '일하면서 왜 이렇게 혼잣말을 하지?'라고도 생각할 것이다. 그들의 속마음을 직접 듣지는 않았지만, 이 기회를 빌려 고마움과 미안함을 표한다. 아무리 그래도 절대 건너뛸 수 없는 단계다. 주변에 피해가 갈까 혹은 이상하게 비칠까 의식하게 되는데도 혼자 말하는 단계를 버리지 못하는 이유와 변명을 장황하게 시작한다.

소리 내 입 밖으로 읽게 되면, 글을 쓰면서 혹은 눈으로만 보아서는 미처 알지 못했던 어색함이나 긴 호흡이 비로소 느껴진다. 머릿속에서 눈으로 읽는 것보다 문법적 오류나 부자연스러운 부분을 더 잘 발견하게 된다. 무엇보다 말하듯이 자연스러운 메시지로 완성도를 높이기 위해서도 필수다. 메시지의 본질은 소통이다. 아무리 고객이 훑어본다 해도 자연스럽지 않은 문장이나 표현, 불필요한 조사나 형용사는 빠른 읽기와 쉬운 이해에 방해가 된다.

어디를 읽더라도 막힘없고, 어색한 문장 없이 매끄러워야 가독성과 이해도가 좋은 문장이 된다. 한 번 더 생각하게 만드는 어려운 문장이나 과한 표현도 낭독으로 잡아낼 수 있다. 두통약 광고 중 이러한 메시지가 있다. "당신이 머리 아픈 건 그만큼 열정적이기 때문이다." 이와 같이 주변인에게 당신이 시끄러운 건 그만큼 열정적이고, 빈틈이 없다는 증거가 되길 바란다. 고객과 직접 소통하는 메시지가 아니라도 직장에서 보고서나 기획안의 메시지를 제출하기 전, 낭독의 과정을 거치면 더 완성도 높은 보고서가 될 것이다. 낭독의 발견, 재미, 장점에 빠져 보기를 바란다.

소리 내어 읽으면, 메시지를 전달하려는 입장이 아닌 읽는 사람의 입장으로 더 잘 보인다. 전체적인 호흡과 교정/교열/윤문이 필요한 영역을 더 쉽게 발견한다. 더하여 실제 고객과 함께 메시지를 본 고객(타깃)의 행동까지 직접 시연할 수 있다. 어떻게 하면 더 효과적이고 효율적으로 커뮤니케이션할 수 있을지 고민하고, 고객 경험에 부정적인 요소까지 한 번 더 체크하게 된다. **눈으로 읽는 것과 입으로 읽는 것의 차이**를 느꼈으면 한다. 비문(문법에 맞지 않는 문장)이나 어문 규범(맞춤법, 띄어쓰기, 표기법, 문장 부호 등) 오류를 세밀하게 살필 수 있는 질문들은 다음과 같다.

· 메시지를 읽으며 함께할 체크리스트

　　구성: 전체 구성은 잘 되어 있는가?

　　양: 핵심 정보를 적절한 양으로 제공하는가?

　　길이: 각 문장의 길이는 적당한가?

　　언어: 어법에 맞는 문장을 사용하였는가?

　　　　　어휘를 의미에 맞게 선택하였는가?

　　　　　맞춤법과 표준어 규정이 지켜졌는가?

　　　　　외래어와 로마자 표기법이 지켜졌는가?

• 메시지 관리와 함께 확인할 체크리스트

규칙: 공통의 톤앤매너 규칙이 적용되었는가?

고객의 가독성 및 이해도를 고려하였는가?

채널별 톤앤매너에 맞춰 작성되었는가?

콘텐츠: 콘텐츠와 관련 있는 이미지가 맞는가?

고객에게 노출될 시 부정적일 수 있는 요소는 없는가?

고객 행동에 영향을 주는 링크나 안내는 적절한가?

메시지 안내에 따라 이동 후 페이지 내 부정 요소는 없는가?

호흡이 좋은 메시지란

　말하듯이 쉽게 전하는 메시지
　씻은 듯이 말끔하고 개운한 구성
　물 흐르듯이 자연스럽게 연결된 문장

바로

잡다

잘못되거나 옳지 않은 것을
고쳐서 올바르게 하다.

좀 특별하면 별나서 별로고, 대중적이면 특별하지 않아 별로 인 것이 메시지다. 기업은 종종 목적과 성과를 높이기 위해 파격을 빙자하여 메시지를 작성하기도 한다. 특별함을 단지 파격적인 것으로 잘못 인지하고 자극만 추구하다 결국 좋지 않은 결과를 낳기도 한다. 한국어기초사전에서는 '파격'을 '일정한 격식을 깨뜨림'이라고 정의한다. 여기서 '격식'은 '사회적 모임 등에서 수준이나 분위기에 맞는 일정한 방식'을 말한다.

대부분의 메시지의 부정적 이슈 사례는 이런 의미의 '격식', 즉 전달해야 하는 메시지와 그렇지 않은 메시지를 제대로 파악하지 못해 생긴 사고다. UX 라이팅은 '흥밋거리'보다는 사실 기반의 혜택과 정보를 우선하여 긍정적인 '고객 경험'을 만들어야 한다. 고객의 시간 투자와 관심을 요구하며 기업의 이윤 추구를 위한 메시지라면 더욱 그렇다. 메시지가 고객에게 단 한 번 노출되어도 고민과 혼란 없이 이해되는 긍정적인 경험을 선사하기 위해 매진해야 한다.

메시지에는 소리가 없다. 이미 학습되어 알고 있는 대사나 유행어라면 음성 지원이 되듯 머릿속에서 떠오르는 뉘앙스 정도는 있을 수 있어도, 글로 소리를 낼 수는 없는 일이다. 반면 같은 문장도 친절하게 말하면 기분이 나쁘지 않은데, 받아들이는 사람에 따라 비꼬는 말투 또는 격양된 말투로 전달되는 상황이 있다. 직접 얼굴을 맞대고 얘기하면 별일 아니지만, 톡이나 문자를 통하면 의도와 다르게 받아들여지는 경우가 종종 생기기 마련이다. 이미 상대의 기분을 해쳐 놓고 그럴 의도는 아니었다고 아무리 말해도, 상해 버린 마음을 바로잡기는 어려운 일이다. 그렇기에 오롯이 메시지로만 전달해야 하는 기업의 메시지는 단어 하나에도 목숨을 걸듯 비장한 각오로 고르고, 메시지 전문가에게 관리까지 받는 것이다.

어떤 과정을 거치고 어떤 의도가 숨어 있는지 고객은 알 수 없다. 고객에게 노출된 메시지 하나로 좋고 싫음이 가려진다. 메시지로 나쁜 결과를 초래했다면, 기업의 메시지가 신중하지 못했거나, 읽는 상대를 배려하지 못한 것이다. UX 라이팅의 큰 틀은 여기에 있다. 메시지를 접하는 고객의 마음을 사로잡으려면, 메시지를 바로잡아야 한다. 단어의 어감이나 의미 하나, 글자 하나까지 고객의 마음을 사로잡기 위한 바로잡기가 그것이다.

일로서 메시지를 작성할 때는 '메시지가 목적하는 바가 무엇인가'로부터 시작한다. 목적을 정확하게 정해야 그에 맞는 메시지를 끌어낼 수 있다. 업으로 메시지를 다루고 있다면 이는 누구나 아는 기본이다. 일단 정해진 목적에 대해선 그 무엇과도 타협하지 않는 것이 곧은 메시지를 위한 원칙이다. 물론 예외는 있을 수 있으나, 묵직하게 목적을 세우고 메시지가 지닐 소구점을 찾아야 한다는 점은 어떤 경우에도 같다.

고객 상황에 따라 깊이 있는 커뮤니케이션이 필요한 경우도 많이 있다. 고객에게 무엇을 요청해야 하는 경우, 대고객 이슈에 대한 상세한 설명을 제공해야 하는 경우, CS 부서를 통해 메시지를 제공할 필요가 있는 경우, 회사의 귀책으로 사과를 해야 하는 경우 등이 해당한다. 보통 먼저 세워진 커뮤니케이션 목적에 부합하도록 메시지를 생성하는데, 여기에 적합한 톤앤매너는 메시지의 역할과 방향에 따라 입체적으로 생각하여 결정하면 된다. 이런 상황 외에는 이미 작성된 템플릿이나 정리된 메시지 톤앤매너로 커뮤니케이션하는 것이 일반적이다.

• 쓸 데 있게 덧붙이는 말:

목차 페이지로 돌아가 살펴보자. '바로 알다'와 '바로 쓰다'는 띄어쓰기가 되어 있는데, '바로잡다'는 붙여쓰기가 되어 있다. 이는 '잘못되거나 옳지 않은 것을 고쳐서 올바르게 하다'의 동사를 의미하므로 붙여 씀이 바르다. 단, '바로'가 '곧'이라는 시간적 의미로 쓰였다면 띄어 쓴다.

섬세한 차이로

티가 안 나야 정상이다. UX 라이팅이 무엇이냐 물으면 항상 '디테일'을 챙기는 것이라고 말한다. 내부 직원이나 타깃 고객이 알아채지 못할 수 있지만, 적절한 용어와 바른 단어 사용, 고객이 공감할 내용, 글을 읽게 될 순서, 훑어보는 흐름 등 고객 경험에 도움을 주는 디테일을 끊임없이 챙겨야 한다.

요즘은 업무와 결과를 주요 지표로 연결한 수치로서 표면적으로 드러나는 업무, '수치의 전성시대'라고 해도 과언이 아니다. 특히 온라인의 발달로 어느 회사든 개발 직군이 대우받고, 개발 부서와의 협업이 중요해진 시대이니 더 그렇다. 기획 업무 단계에 앞서 눈에 보이는 성과가 숫자로 나타나지 않을 일은 아예 우선순위에서 밀리는 경우도 있을 정도다. 소비자들의 구매 여정이 더욱 복잡해지면서 기업의 메시지는 바르고 명확함뿐만 아니라, 수치로도 증명되어 눈에 보이는 성과가 필요해졌다.

메시지로 고객과 소통하는 업무 대부분은, 회사에 기여는 분명하지만 뚜렷한 성과와 기여도, 매출, 구매 전환율 등과 같은 수치로 바로 연결하는 것은 매우 어렵다. 어떻게 보면 글이 업인 문과적 성향의 사람들이 숫자와 친해져야 하는 이과적 숙제이자 숙명과도 같다. 고객에게 노출되기 전과 후, A/B 테스트(대조 실험) 등 지표를 끌어오고 매번 분석할 수 있는 환경이 된다면 비교적 가능하지만, 현실적으로는 힘든 일이다. 그러나 당신이 메시지를 제대로 쓰고, 알고, 관리해야 하는 이유는 다음과 같다.

고객은 메시지로 회사의 수준을 판단한다

당신의 글이 곧 회사의 수준이 된다. 글을 누가 썼는지는 고객에게 상관없다. 메시지는 기업과 브랜드의 말과 행동 그리고 결과를 나타낸다. 우리가 고객에게 사용하는 언어는 회사와 브랜드에 큰 영향을 미칠 뿐만 아니라, 고객에 대한 우리의 자세가 고스란히 드러난다. 고객은 우리가 노출한 메시지를 통해 서비스 수준을 평가하게 된다. 긍정적인 고객 경험을 위해 일관된 '톤앤매너'로 소통하고, 채널별/스토어별/타깃별 등 세분화한 특성에 맞춰야 한다. 고객(타깃 및 잠재고객)에게 너무 가볍지 않게 접근해야 하는 이유이기도 하다.

이 말은, 기업의 메시지 담당자나 관리자는 단어 하나하나에 목숨을 걸어야 한다는 것이다. 다른 사람에게는 별거 아닌 변화도 메시지 스페셜리스트의 시각에서 바라보고, 고객 경험에서 큰 차이가 있음을 알아야 한다. 예를 들어, '올겨울, 올여름'과 같은 합성어를 '올 겨울, 올 여름'으로 띄어 쓰거나, '컬래버레이션'의 외래어 표기가 '콜라보, 콜라보레이션'으로 잘못 쓰인 기업의 메시지를 보면 전문적이지 않게 느껴진다. 상식 수준의 어법조차 제대로 알지 못하는 기업이 되어 버리는 것이다. UX 라이터로서 필수적으로 이런 디테일에 집착해야 한다.

앞서 예로 든 것처럼, 기업의 메시지에서 가장 많이 표기법을 어기는 예가 바로 '컬래버레이션'이다. 이 단어는 '콜라보' 등 외래어 표기법과 원어 단어에도 맞지 않는 표현이 널리 쓰인다. '컬래버레이션'으로 기재하는 것이 가장 바르고, 어느 정도 유연하게 허용할 수 있는 수준도 '컬래버' 정도다. 이렇게 기본적인 외래어 표기법을 꾸준히 바로잡다 보면, 어느새 협업하는 동료들 역시 '콜라보'로 잘못 표기된 광고나 메시지를 볼 때 어색하게 느끼게 되었다는 말과 함께 고마움을 표하기도 한다. 모를 땐 몰라도 한 번 깨우치고 나니 '콜라보'로 쓴 기업의 메시지를 보면, 기업이 기본적인 수준의 메시지 관리도 제대로 하지 못하고 있다는 것을 느낀다. 이것이 바로, 알고 있는 자와 모르는 자의 차이, 제대로 관리되고 있는 메시지와 그렇지 않은 메시지의 차이가 된다.

완성도를 높이기 위해 개선점을 발견하라

메시지에서는 아무도 신경 쓰지 않는 단어 하나, 글자 한 자가 가장 취약점이다. 아무도 모르거나, 신경 쓰지 않는다고 중요하지 않은 것이 아니다. 선택된 단어, 잘못 쓴 글자 한 자가 법적 맹점이나 사회적 이슈로 커질 수 있기에도 바로잡아야 한다. 고객의 불편과 불만을 최소화하기 위해 끊임없이 모니터링하고 개선점을 찾는 것도 메시지 전문가와 관리자의 몫이다. 당장 큰 문제가 아니어도 추후 문제의 발단이 될 소지가 있다면 바로잡는 것이 옳다. 사건/사고는 예방이 최선이라는 말처럼, 공공에 노출된 메시지로 문제가 될 표현이나 잘못된 관행을 바로잡기 위해 노력해야 한다.

이 과정에서 생기는 논쟁은 필요성을 충분히 증명하기만 하면 누구나 고개를 끄덕이기 마련이다. 준비 과정이 번거롭다는

'불만'이 있을지 언정 '태만'은 없을 것이 메시지 오류, 오표기 등의 개선점이다. 끊임없이 고객의 불편함(사용성과 심리성 모두)을 찾아내고 미리 예방하자. 작은 디테일 하나하나 바로잡다 보면 전체적인 완성도가 높아지는 건 당연하다. 큰 변화가 아니어도 좋다. 자연스럽게 통일하고 조금씩 개선하면서 전체 완성도를 높여 나가는 것이 좋다. 한꺼번에 모든 메시지를 바꿀 수 있다면 더할 나위 없이 좋겠지만 이는 쉽지 않다.

고객 입장에서의 큰 차이를 모르는 내부 직원들을 설득하는 것이 더 어려울 때도 있다. 그러나 미묘한 차이를 알아챌 시각과 역할이 메시지 전문가인 나밖에 없다는 책임감, 노력을 통해 점차 완벽한 메시지 서비스를 이룰 수 있다는 믿음을 가지고 행동하고 개선하기를 바란다. 그러면 어느새 고객 행동 패턴과 고객의 반응이 절로 예상되고 맞아떨어지는 통찰과 깨달음이 쌓일 것이다.

기본적으로 기업의 메시지가 추구하는 것은 영리적 목적, 즉 이익이다. 기업이나 브랜드의 이름을 머릿속에 새겨 넣는 것, 진행하는 이벤트와 판매하는 상품에 관심을 두게 하는 것, 고객의 관심을 끌어 구매 여정에 이르게 하는 것 등은 이익과 연결된다. 결국은 고객의 지갑을 여는 것이 최종 목적인 셈이다. 일련의 목적 달성 후, 즉 구매 이후 발생하는 반품이나 교환, 환불 등의 고객 커뮤니케이션은 손해와 결함으로 간주하기도 한다. 고객의 구매 여정에서 근본 원인을 파악하고 먼저 해결하여, 추가적인 커뮤니케이션 필요성을 제거하는 것이 좋다. 식당에서 밥을 먹을 때 기본찬 리필을 위해 위해 직원을 부르거나 벨을 누르기 전에 먼저 알고 채워 주면 그렇게 고마울 수가 없다. 마치 비싼 값을

지불하는 프리미엄 레스토랑에서 앞에 놓인 물잔을 수시로 체크하고 물을 채워 주는 서비스와 같이 대우받고 있다고 느껴진다. 멀리서 '째랑~'하고 포크가 떨어지는 소리가 나면 바로 다시 가져다주는 것과 같이, 고객의 니즈를 먼저 알아주는 메시지가 필요하다. 작은 서비스는 가게의 전체 서비스에 대한 평가를 좋게 만든다. 작은 배려가 고객 감동으로 크게 돌아오는 것이다. 기업의 메시지는 끊임없이 고객의 마음을 읽어야 하고, 충분히 그 역할을 해내야 한다.

불만을 말해 주는 고객이
가장 고마운 고객이다

대부분의 고객은 기업의 제품이나 서비스가 마음에 들지 않았을 때 그 이유를 적극적으로 설명하지 않는다. 조금의 불편을 감수해 그냥 사용하거나, 환불/교환 등의 서비스를 받으면 그만이다. 고객센터로 일일이 전화해 따지고 불만을 얘기하는 것도 번거로운 일이다. 그런 경우는 매우 실망했거나, 불이익을 받았다고 느끼거나, 개선해 주기 바라기 때문이다. 근거 없는 비방과 불만이 아니라면, 이렇게 적극적으로 개선점을 먼저 얘기해 주는 고객에게 고마워해야 한다. 불만을 가진 고객을 감동시킨다면, 그 고객은 기업과 브랜드에 대한 믿음이 커져 충성도가 높아질 수밖에 없다. 안티팬도 팬으로 만들 수 있어야 한다.

이러한 고객 감동 서비스를 가장 잘하는 곳이 바로 쿠팡이다. 쿠팡은 무엇보다 고객 감동을 최우선으로 하는 기업이다. 매 인사 평가 때마다 모든 직무에서 자신이 고객을 감동시키기 위해 어떤 노력을 했는지 핵심 기업 가치와 연관해 서술해야 한다. 절로 고객 감동을 위한 생각과 업무 방향성이 몸에 스며들 수밖에 없다. 무엇보다 고객이 최우선이기에 고객의 메시지에 눈과 귀를 열어야 한다.

UX 라이팅 역시, 노출된 메시지에 대한 부정 이슈가 없는지 항상 살펴야 한다. 불만이나 불편을 발견하면 이를 토대로 개선점을 찾고 정책과 업무에 반영해 개선해 나가야 한다. 혹시라도 있을 메시지 이슈나 기업의 부정 이슈를 언론 기사나 뉴스로 알기 전에 미리 대응하는 것이다. 그러려면 끊임없이 고객의 반응과 관심을 살펴야 한다. 예를 들어, 주요 타깃이 주부층이라면 맘카페나 관련 커뮤니티에서 주요 키워드를 검색하고, 주요 타깃이 패션에 관심이 많고 비교적 젊은 연령층이라면 이들이 자주 방문하는 패션 커뮤니티나 카페를 자주 모니터링하는 것이 도움이 될 수 있다.

필요하다면 기업 내 고객센터 데이터 관리자에게 문의해 메시지나 원하는 키워드로 상담 내역을 뽑아 정기적으로 확인하는 것도 고객 반응을 연구하고 메시지 서비스를 개선하는 데 도움이 된다. 또한 일반적인 고객 테스트나 인터뷰보다 더 날것의 이야기를 들을 수 있어 좋다. 퍼포먼스가 크거나 눈에 보이지 않는 부분이라도 메시지 전문가라면 세심하게 살필 줄 알고 종합적으로 판단할 수 있어야 한다. 넓은 시야와 고객 관점을 얻기 위한 비법 역시 고객을 향한 눈과 귀라고 할 수 있다.

메시지 개선으로 고객의 불편을 개선해도 눈으로 드러나는 성과로 입증하기란 어려운 일이다. 메시지 검수 후 피드백을 전달해도 '이런 것도 수정하라고? 겨우 띄어쓰기 안 한다고 뭐가 다르겠어?'라고 생각하거나 막상 내놓은 메시지가 별로라는 동료도 있을 수 있다. 직무에 따라 시각과 책임에도 차이가 있으니 어쩌면 당연하다. 그럼에도 고객의 불편함이나 불안함, 지루함, 어색함 등 부정적인 생각과 끊임없이 싸워야 한다. 그리고 결과물인 메시지에서 고객은 싸움의 흔적을 전혀 느끼지 못해야 한다. 메시지를 보고 무엇인가 걸림이 있다면 이를 최소화해야 한다.

뭐가 다르냐 물으면 '다르다고 말하면 된다.' 완성도는 디테일에서 나오는 것이다. 고객은 디테일에 감동하고 생각지 못한 부분에서 감격한다. 비슷한 예로 내로라하는 영화감독 거장들 역시 디테일에 집착한다. 그리고 그 결과물로 찬사를 받는다. 작은 차이가 큰 차이를 만든다는 믿음이 있어야 한다. 믿음은 실제로 이루어진다. 배신하는 법이 없다. 메시지의 완성도 역시 그렇다. 실체가 있는 좋은 믿음, 즉 디테일에 끊임없이 집착하고 매달리는 이유가 있어야 한다. 눈에 드러나지 않아도 해야만 하는 일이 있기 마련이다. 오히려 눈에 드러나는 경우가 좋지 않은 상황이 될 수 있다. 별다른 이슈 없이 기업과 브랜드의 이익에 기여할 수 있는 방향으로 나아가야 한다.

메시지가 별로라면 '다시 쓰면 된다.' 내부 고객도 만족시키지 못하는데 외부 고객을 만족시킬 수 있을까? 동료가 메시지에 대해 '잘 몰라서, 무지해서'가 아니다. 고객 역시 그 동료와 크게 다르지 않다. 불필요한 설명조차 필요 없는 메시지가 가장 좋다. 한번 별로라 생각된 메시지는 바로 버리는 것이 좋다. 쉽지는 않은 일이지만, '**불만을 말해 주는 고객이 가장 고마운 고객이다**'라고 한 것처럼 불만을 말해 준 동료 역시 고맙게 생각하자. 다른 영역의 실무자 입장의 시각으로 내가 미처 생각 못한 부분을 집어 주는 경우도 있다.

협업과 관리가 업무의 대부분이 될 테니 함께 일하기 좋은 동료가 먼저 되어야 한다. 메시지 전문가가 혼자 하는 일은 거의 없다. 기분 좋은 커뮤니케이션 스킬이 중요하다. 먼저 실력으로 인정받아야 원활한 UX 라이팅도 가능하다. 매 순간 긴장을 놓을 수 없고 매 업무마다 온 힘을 다해 집중한 결과물을 내야 하는 이유다. UX 라이터로 살아가는 원동력은 동료로부터 얻는다. "역시 전문가를 거친 메시지는 다르네요", "덕분에 효율과 효과가 더 높아졌어요", "미처 생각하지 못한 부분을 집어 주어서 감사해요" 등 동료의 칭찬 한마디에 6개월을 버티기도 하고, 1년을 보내기도 한다.

가격을 팔지 가치를 팔지

무엇이든 고객의 마음을 사고
고객의 지갑을 여는 메시지가
끝까지 살아남는다

규칙을 따르고

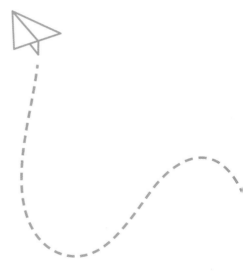

국립국어원의 언어 표기법 역시 중요한 규칙이지만, 기업 이익과 대중성을 위해 어문 규범에 맞지 않는 메시지를 사용해야 하는 경우도 종종 있다. 메시지의 본질은 소통이다. 소통을 위한 전달력을 높이기 위해 기업과 브랜드만의 표준어를 정리해 별도의 규칙을 정해 사용해야 한다. 국립국어원 어문 규범보다 우선으로 적용해 고객에게 노출할 단어별/사례별 해당 표기를 정리해 기업만의 사전을 만들어 내는 것이다. 이를 관리하고 공유하는 것 역시 메시지 전문가와 관리자의 몫이다. 매일의 변화와 결정 사항, 내부 언어 규칙을 계속해서 정리하고 기록하면 그 자체로 사전이 되고 규칙이 된다. 이런 규칙 역시 디테일에 힘을 실어준다. 당장에 눈에 띄는 결과나 큰 변화가 아니더라도 결실은 어떻게든 반드시 맺는다.

기업 내 언어 사전 규칙을 수집하기

고객에게 노출되는 용어는 같은 의미일 경우 통일해 노출한다. 어떤 채널로 누가 말하든 고객은 기업의 목소리로 인지한다. 메시지를 작성하고 관리하고 내보내는 직원은 모두 한 몸이라 생각해야 한다. 예를 들어, 새로운 이벤트나 홈페이지 사이트 내 기능, 카테고리, 메뉴 등의 이름은 띄어쓰기까지 어떻게 표기할 것인지, 현재 고객에게 어떻게 노출되고 있는지를 모두 확인해야 한다. 용어가 통일되어 있는지 확인하고, 그렇지 않다면 고객의 혼란을 방지하기 위해 같은 용어로 고객에게 노출될 수 있도록 해야 한다. 기업에서 가장 많이 사용하는 '고객'을 지칭하는 표현은 고객님, 가입자, 구매자, 유저, 이용자, 회원 등이 있다. 자신이 속한 기업에서는 어떻게 커뮤니케이션하고 있는지 확인하여 점차적으로 이러한 용어를 통일하는 것도 메시지의 일관성을 높이기 위한 좋은 방법이다. 즉 기업의 메시지에는 우리만의 '규칙'이 있어야 한다. 표준국어대사전에 풀이된 규칙은 '여러 사람이 다 같이 지키기로 작정한 법칙. 또는 제정된 질서'이다. 질서에 맞춘 메시지가 곧 좋은 메시지다.

내부 언어 규칙 사전에 포함되어야 할 리스트

01. 허용 규칙 리스트 만들기

→ 어법이나 어문 규범의 예외로, 기업의 이익과 원활한 소통을 위해 허용하는 표기 규칙을 유연하게 사용하기 위해 정리한다(단, 부정 이슈가 예상되는 허용 표기 규칙은 제외한다).

02. 금지어 리스트 만들기

→ 자주 실수하거나 메시지에서 사용하면 안 되는 사례 또는 표현을 정리하여 한 번 더 경각심을 일깨우고 공유하기 위해 사전으로 정리한다.

03. 대외 지칭 용어 통일하기

→ 보도자료나 소개 콘텐츠 등 외부 소통을 위해 기업과 브랜드를 소개하고 정의하는 표현을 공유해 일관된 정보로 노출하기 위해 사전으로 정리한다.

04. 내부 용어와 업계 용어 파악하기

→ 특정 업계나 기업 내에서만 사용하는 어려운
   용어를 알기 쉽게 풀이한 내용으로 노출하기
   위해 사전으로 정리한다.

국립국어원의 언어 규범 표기도 계속 변하고 있다. 이를 계속 추적하고 새로운 규칙을 습득하듯이 정리된 규칙이나 내부 사전 역시 상황의 변화에 따라 지속해서 최신 정보로 바꿔 줘야 한다. 다음은 기업에서 가장 많이 사용하는 용어이지만, 고객이 가장 많이 혼동하는 날짜와 시간 표현이다. 이벤트, 안내, 공지, 배송 등 거의 모든 고객의 구매 여정에 항상 빠지지 않는 일정 안내에서 날짜와 시간 표기가 제각각이라면 고객은 더욱 혼란스러울 수밖에 없다.

날짜 표기 규칙 정하기

예를 들어, 월/일/요일을 모두 표기하는 날짜 정보는 다음 형식 중 어떤 표기 규칙을 적용할지 정한다. 글자 수 제한, 메시지 톤앤매너, 콘텐츠 종류, 주요 매체 등을 고려해 정해진 규칙을 통일하는 것이 좋다. 기업과 브랜드의 날짜 정보 표기가 여러 버전이거나 같은 콘텐츠 내에서도 그 규칙이 다르다면 가장 중요한 정보인 일정에 대한 신뢰가 깨질 수 있다.

04월 09일 화요일

(한 자리 숫자일 경우 앞에 0을 붙여 한글로 모두 표기)

4월 9일 화요일

(0을 표시하지 않고 월, 일, 요일을 한글로 표기)

4/9(화)

(0을 표시하지 않고, 부호로 월, 일을 대신 표기)

이 밖에도 연도가 들어가는 경우, 미리 정한 공통의 규칙에 따라 동일하게 노출하는 것이 좋다. 날짜와 함께 요일도 표기해 주면 더 직관적으로 날짜를 떠올리기 쉽다. 또한 표기 날짜가 일주일 이내일 때는 요일을 생략하는 등 상황에 따른 각각의 규칙을 정하는 것이 좋다. 글자 수 제한이나 메시지 상황별 예외적인 규칙까지 미리 정해 놓기를 권한다.

시간 표기 규칙 정하기

시간 표기에는 24시간 표기법과 12시간 표기법이 있다. 24시간 표기법은 오전/오후, AM/PM, 낮/밤, 새벽/아침/점심/저녁 등을 기재하지 않아도 되는 대신, 직관적이지 않다. '22시'보다는 '오후 10시'가 더 쉽게 이해된다. 특히 24시, 밤 12시, 0시, 00시, 자정 등 날짜가 바뀌는 시점에 맞물려 있는 시간 표기는 더욱 혼란을 줄 수 있다. 시작하는 날짜의 '새벽 0시'를 뜻하는지, 그날의 자정을 말하는 '밤 12시'를 뜻하는지 헷갈리기 쉽기 때문이다. 바로 이해하기 어려운 표기라면 고객에게 친절한 표현이라 할 수 없다. 메시지의 주요 목적인 전달을 위해 어떤 표기와 표현이 더 고객에게 쉽게 이해되는지 끊임없이 고민해야 한다. 고객의 이해를 최우선으로 한 12시간 표기법, 즉 오전과 오후로 구분해 사용하는 것이 좋다. 이때 예외적으로 '정오'와 '자정' 표현을 허용하거나, 고객의 혼동을 줄이기 위해 '낮 12시'와 '밤 12시'로 구분하는 등의 규칙을 추가로 정하면 된다.

4/9(화) 밤 11시 59분을 지나 끝나는 12시를 의미할 경우

- 4/9(화) 자정까지
- 4/9(화) 밤 12시까지
- 4/9(화) 24시까지

4/8(월) 자정을 지나 시작하는 0시를 의미할 경우

- 4/9(화) 0시부터
- 4/8(월) 자정부터

* '자정'의 사전 의미는 "밤 열두 시"다. '자정 12시'라 표기할 경우, 같은 의미가 중복되므로 '자정'과 '정오'는 따로 시간 표기를 하지 않는다.

회사의 이익에 따라 고객 친화적 언어도 부정적 이슈만 예상되지 않는다면 얼마든지 허용 가능하다. 그러나 기준과 근거는 필요하다. 누구나 쉽게 이해할 수 있도록 우리 기업만의 표준어를 만드는 것이다. 규칙을 정하고, 따랐다면 마지막으로 팩트 체크는 필수다. 아무리 잘 쓴 글이라도 사실과 다른 정보를 전달하면 아무 소용이 없다. 사실관계 오류가 반복되면 기업이 전달하는 모든 콘텐츠에 대한 신뢰도에도 영향을 미친다. 메시지를 작성할 때 반드시 유관부서의 확인을 거쳐야 하는 이유다. 확인된 데이터는 따로 보관해 두거나, 여러 사람이 확인할 수 있도록 내부 위키나 전체 메일 등 공유 수단으로 기록하고 공동에게 전하는 것이 좋다.

먹먹해지지 않도록 묵묵하게

따를 기준이 되려거든
동료에게 먼저 인정받아라
다른 의견을 나누려면
동료에게 조금 만만해져라

진정성을 담아

진정성이라는 말을 많이 듣게 된다. 무슨 말을 하는지 느낌으로는 충분히 알고 있으나, 정확하게 '진정성'이 무엇인지 설명해 보라 하면 말문이 쉽게 열리지 않는다. 국립국어원 우리말샘에서는 '참되고 올바른 성질이나 특성'으로 풀이한다. 그런데 함께 등재된 '진정성 리더십'의 풀이가 필자가 원하는 풀이에 더 찰떡이다. '남에게 완벽한 모습을 보이고 남을 이끄는 영웅이 되려고 하기보다는, 자아를 성찰하고 자신의 생각과 감정을 공유함으로써 다른 사람들과 밀접한 관계를 형성하는 것을 중요시하는 리더십'이 그것이다. '진정성'이란 무엇이고 어떠한 것인지 더 쉽게 다가온다. 중요 키워드를 꼽자면 '자아성찰'과 '감정 공유'이다.

표준국어대사전에 등록된 '성찰'의 뜻은 '자기의 마음을 반성하고 살핌'이고, '감정'은 '어떤 현상이나 일에 대하여 일어나는 마음이나 느끼는 기분'이다. 종합하면, **스스로 반성한 느낌이나 기분을 그대로 솔직하게 전달하는 것이 진정성이다.** 진정성 어린 사과와 더불어 끊임없는 반성과 실천을 메시지에 고스란히 드러내고, 이를 위해 어떤 약속을 했다면 꼭 지켜야 한다.

진심의 깊이가 위기관리의 승패를 좌우한다. 위기관리 메시지의 핵심 또한 '진정성'이다. 법적 책임이 없더라도 여파가 크거나, 윤리적 쟁점 또는 인명 피해 등이 발생했다면 기업은 도의적 책임을 다해 대응해야 한다. 책임 여부가 불분명할 경우에도 최악의 상황을 가정한 시나리오를 설정해 대응하는 것이 원칙이다. 무엇보다 메시지는 관계 협력부서(고객센터, 커뮤니케이션팀 등 기업 내 위기관리 구성원이 포함된 유관부서)와 함께 협의된 내용으로 고객에게 노출될 수 있어야 한다.

이를 위해 먼저, 사과를 해야 할 때와 그렇지 않을 때를 명확하게 구분할 줄 알아야 한다. 만약 사과를 할 상황이라면, 정말 사과답게 그리고 철저한 고객 관점에서 진정성을 느낄 수 있어야 한다. '염려하지 않아도 된다, 긴급 조치를 하고 있다, 처벌과 책임이 중요한 상황이 아니다, 모든 역량을 총동원하고 있으니 조금만 기다려 달라' 등 각 상황에 맞춰 적절한 내용과 톤앤매너로 고객과 소통해야 한다. 고객의 공감과 감정에 문을 두드리고 열 수 있는 열쇠가 진정성이라는 점을 명심해야 한다.

해명이 길어질수록 사과의 효과는 줄고, 의도와 멀어지게 되므로 CAP Rule과 같은 이론에 따라 메시지의 가이드라인을 정해 놓기도 한다. 널리 알려진 황금 비율은 진심 어린 사과Care & Concern 30%, 대응 방안 제시Action 50%, 재발 방지 약속Prevention 10%이다. 하지만 상황별로 다를 수 있고 가장 중요한 것은 진정성이기 때문에 이런 이론들은 진정성을 먼저 충족한 후 참고하는 것이 좋다. 회사는 실제 위기 상황에 맞춰 고객이 겪은 불편함에 대해 정중하게 사과하고, 문제의 원인과 대응 방안, 재발 방지 약속 등의 행동을 취한다. 메시지는 이를 중심으로 '안심'과 '진심'이 느껴지도록 전하는 것이 좋다.

위기관리 메시지계의 국립국어원은 청와대 국민청원 게시판의 답변 원고들이다. 읽어 보면 각 분야 전문가들이 고심해서 쓴 글임을 알 수 있다. 꾹꾹 눌러 담은 조심성과 진정성도 엿보인다. 자칫 사안 하나하나 위기로 볼 수 있을 만큼 민감한 사안들이 많다 보니, 답변 내용과 '톤앤매너' 또한 위기관리 메시지의 정석으로 봐도 손색이 없다. 국민청원 공식 답변을 참고하면 적어도 사과/공지문으로 괜스레 한 번 더 이슈될 걱정은 없을 것이다.

'**청와대 > 국민청원**'에서 많이 사용하는 답변 원고의 어투는 다음과 같다. 표현에 어려움이 있다면 다음을 참고해 공손하면서 매너 있게 커뮤니케이션하는 방법을 연습해도 좋다.

예시) - 예방을 위한 노력에도 불구하고 안타까운 사건이 거듭 발생하고 있는 점을 매우 송구스럽게 생각합니다.
- ~의 심각성과 피해자의 아픔을 엄중히 인식하고 있음을 다시 한 번 말씀드립니다.
- 방안을 신속하게 추진하겠습니다.
- 프로그램을 더욱 확대하여 실시하겠습니다.
- 개선할 수 있도록 과정도 대폭 개선하겠습니다.
- 각계의 의견을 모아 국민께서 납득할 때까지 논의를 이어가겠습니다.
- 현재 엄정하게 조사와 수사를 진행하고 있음을 알려드립니다.
- ~을 ~하는 것은 중립성, 객관성 차원에서 신중을 기할 필요가 있습니다.
- 철저한 조사와 수사가 진행될 수 있도록 최선을 다하겠습니다.

사과는 사과답게

빠르게 대처할 것,
상황 발생 후 24시간 내에
이성적이고 합리적으로 대응하라
바르게 사과할 것,
논리적인 스토리와 시스템으로
고객과 커뮤니케이션하라

고객을 향하여

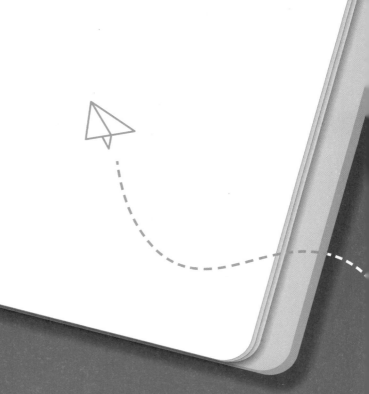

고객을 위한 디테일에 집착해야 한다. 디테일 역시 우리가 일상은 물론 업에서도 자주 입 밖으로 내뱉는 용어다. 세부 사항을 뜻하는 영어 'detail'은 표준국어대사전에 '디테일'로 등재되어 있다. '미술품의 전체에 대하여 한 부분을 이르는 말'로 풀이되지만, 미술품만이 아닌 전 영역에서 많이 활용하는 단어다. 영화감독 봉준호와 디테일을 합성하여 봉테일이라는 별명을 붙이기도 한다. 봉준호 감독이 대표적인 디테일의 거장으로 꼽히듯 기업 내 디테일의 아이콘은 UX 라이터여야 한다.

잘 담긴 진실로 마음을 움직이려면 고객을 향한 집요함이 필수다. 고객의 니즈를 찾고 불편함을 먼저 해결하는 등 사소한 배려에서 완성도가 달라진다. 중요한 메시지일수록 제목이나 헤드라인, 메인 카피의 형식으로 맨 위에 놓는 두괄식이 좋은 이유도 '고객'에서 찾는다. 우리의 고객들은 바쁘다. 공들여 노출한 메시지를 고객이 자세히 읽어 주길 바라지만, 실상은 그렇지 않다. 사실 기업도 이런 사실을 잘 알고 있다. 따라서 전달하고자 하는 주제와 목적을 훑거나 스치듯 봐도 알아차릴 수 있도록 맨 위 또는 맨 앞에 위치하게 하는 것이다. 그다음 순서는 고객이 메시지를 보고 하게 될 질문이나 행동을 예상하고 파악하여 불편함이 없도록 다듬는 것이다. 대고객 메시지를 위해 고객의 로직을 잘 이해해야 한다.

'메시지를 업으로 하는 사람'은 어떤 형태로든 고객과 닿아 있다. 기업은 이익을 위해 메시지를 전달하려 하고, 고객은 메시지에서 이익을 발견하려 한다. 우리는 물적으로나 심적으로 기여하기 위해, 기업의 메시지를 고객에게 노출한다. 그리고 원하는 반응을 이끌어 내기 위한 도구로 메시지를 이용한다. 따라서 전달력과 만족도를 높이기 위해 단어 하나하나를 고민해야 한다. 그리고 어떤 용어와 표현을 사용할지, 고심과 검증 끝에 고른 단어가 사회적으로 어떻게 통용되고 있는지 고려하는 등 종합적으로 사고해야 한다. 또한 예언가처럼, 메시지를 노출했을 때 고객 반응에 대한 경우의 수까지 예상해야 한다. 이 책에서는 특히 '메시지를 노출한다'라고 반복하여 표현해 왔다. '노출'이란 단어를 선택해 자주 쓰고 강조한 이유도 물론 있다.

한국어기초사전에는 '노출(露出)'의 의미를 '겉으로 드러냄'과 '영향을 받게 하는 것'으로 나누어 풀이한다. 첫 번째 의미와 같이 메시지는 처음 공개한 매체뿐만 아니라 다른 채널을 통해 고객에게 도달한다. 이렇게 한 번 드러난 메시지는 고객 스스로 저장하고, 공유하며, 끌올한다(끌어 올린다는 뜻으로 잊혀 가는 사건이나 글, 사진 따위를 다시 언급하거나 게시하는 일을 이르는 신조어). '끌올'도 이제는 '특별한 반응'이라기보다는 '당연한 현상'으로 느껴질 정도다. 잊고 싶은 흑역사도 지워지지 않고 박제된다. 한 번 노출된 메시지는 몇 달, 몇 년 후까지 사라지지 않음을 명심해야 하는 이유다. 또한 두 번째 의미와 같이 메시지는 상황이나 환경의 영향을 직접 받는다. 기업의 메시지가 브랜드 이미지와 위기관리 대상에 포함되는 이유도 여기에 있다. 대중에게 사랑받던 연예인이나 유명인도 소셜 미디어에 쓴 글 한 줄로 한순간에 비호감이 되는 시대이다. 기업의 이름을 걸고 발행하는 메시지가 기업과 브랜드의 이미지에 미치는 영향은 오죽하겠는가. 기업의 메시지 업자로서의 글쓰기, 즉 고객에게 노출할 메시지는 어떻게 쓰고, 어떻게 쓰이는지에 대해 알아보자.

고객의 로직을 먼저 이해하기

　고객의 생각이나 행동 패턴, 가치관 등 타깃을 예상할 수 있는 기초 값은 더없이 빠르게 끊임없이 바뀌고 있다. 그렇기 때문에 패치와 업그레이드는 필수다. 우리의 고객은 변호사나 공정위 관련자, 프로 불편러[1]일 수 있다. 기업의 메시지를 보는 사람이 누구도 될 수 있으니, 괜스레 책잡혀 책임질 내용이 있으면 덜어 내야 한다. 사실이 아닌 내용이나 법적 이슈가 될 내용도 꼼꼼히 살피자. 미처 몰랐다는 것도 죄다. UX 라이터나 주체자라면 더욱 그렇다. 고객을 알고, 고객의 주변 상황을 고려하고, 고객의 반응까지 예상해야 한다.

　예를 들어, 이벤트 메시지 내용에는 '진행 기간, 발표일' 등 고객이 궁금해할 정보가 포함되어야 한다. 마찬가지로 배송이 늦어진다면 지연 안내뿐만 아니라, 어떻게 처리할 것이라는 구체적인 '대처 방안'이 있어야 한다. 또 환불 등 금전과 관련한 민감한 부분은 '정확한 금액'이 먼저 명시되어야 한다. 만약 고객이 궁금해할 정보가 메시지에 충분히 안내되지 않는다면, 고객센터나 관련처로 문의가 인입되어 기업은 불필요한 리소스를 낭비하고, 고객은 빠른 해결이 어려워 불만이 늘어날 수 있다. 그러니 먼저 고객의 궁금증 해결에 집중하자. 고객을 교재 삼아 끊임없이 공부해야 한다. 이를 위해 수많은 기업이 이미 UX User Experience(사용자 경험)와 CX Customer Experience(고객 경험)에 집중하고 있다. 전담 부서나 고객 피드백을 모니터링하여 이를 개선에 적용하기도 한다.

---

[1] '매사에 불편함을 그대로 드러내어 주위 사람의 공감을 얻으려는 사람을 이르는 말'로 우리말샘 사전에 등록되어 있다.

최대한 간결하게 메시지를 전달하는 이유는 고객이 읽기 편하고 이해하기 쉽도록, 그리고 불필요한 시간 낭비를 하지 않게 하기 위해서다. 고객 관점의 언어 사용이 중요하다고 강조하는 이유도 마찬가지다. 고객 입장에서 더 공감되어야 메시지 전달 효과가 높아지고, 결국 기업의 이익으로 전환된다. 결국 메시지의 생존 지침은 고객에게 있고, 고객에게서 해답을 찾아야 한다.

기업의 메시지가 어문 규범을 지켜야 하는 이유 역시 공공 언어로서의 책임감뿐만 아니라 고객에 있다. 이는 결과적으로 기업의 이익, 그중 '수준'에 대한 가치를 위함이다. 기업이 노출하는 메시지를 보고 고객은 그 기업의 수준을 판단한다. 어떤 부서의 누가 메시지를 작성하고 어떤 경로로 쓰여 노출되는지는 관심 없다. 고객은 기업과 브랜드의 이름으로 노출된 메시지를 주체와 동일시한다. 초등학생도 하지 않을 오타나 문법적 실수가 기업의 메시지로 노출된다면 그 기업의 수준은 분명하게 낮아 보일 것이다.

고객을 향한 디테일에 강해지기

고객은 어떻게 메시지를 읽을까?

적외선 열지도Heat Map 분석이나 시선 추적Eye-tracking 테스트 자료 등 실제 기업에서 고객을 테스트하거나 사용자 패턴을 연구한 자료들을 많이 접하게 된다. 공통점을 간략히 설명하면 다음과 같다.

1. 고객은 웹/앱 화면에 제공되는 텍스트 메시지를 볼 때 대부분 **F형의 패턴**을 따른다.
2. 고객이 먼저 읽고, 비교적 오랜 시간을 들여 정보를 읽는 영역은 **왼쪽에 위치**한 정보다.
3. 고객은 어떤 영역은 아예 읽지도 않고 넘어가며 **특정 부분만 탐색**하고 지나친다.
4. 고객은 **보고 싶은 정보만 집중**하고 시간을 할애하며 그렇지 않다면 기억하지 않는다.

웹이나 앱 화면 내 메시지의 구성 및 배치 이론에 기본이라고 할 수 있는 공통의 정보다. 특히 앱이나 웹 스토어 기반의 이커머스업계 종사자라면 상식처럼 당연하게 알고 있어야 하는 내용이다. 고객의 눈을 머무르게 하고, 전달하고 싶은 주요 내용을 꼭 보게 만들고자 한다면 중요 정보를 담은 핵심 메시지는 제목으로 크게, 두괄식, 왼쪽 정렬이 좋다는 결론이 나온다. 물론 디바이스나 상황에 따라 달라질 수 있다. 그러나 기본적인 고객 행동 패턴을 파악하고, 공부하고, 계속 바뀌는 정보를 업그레이드 및 반영하여 메시지를 구성해야 한다.

고객에게 더 긍정적인 메시지는 무엇일까?

예를 들어 '회수'와 '수거' 등의 용어는 고객 관리 여정에서 자주 쓰이는 표현이다. '회수'는 '도로 거두어들임'을 뜻하고, '수거'는 '거두어 감'을 뜻한다. 각각 의미에 큰 차이는 없다. 그러나

UX 라이팅과 고객 언어 측면을 고려해 사용할 용어 및 표현을 정해야 한다면, 회수에 한 표를 던진다. 환불이나 교환은 대부분 부정적인 경험이기 때문에 노출되는 단어는 최대한 긍정적인 것이 좋다. 또한 연계하여 쓰는 용어의 어감까지 생각해야 한다. 회수를 할 주소라는 의미로 사용하는 단어는 '거지'(남에게 빌어먹고 사는 사람)를 연상케 하는 '수거지'보다 '회수지'와 같이 긍정적인 어감의 용어가 좋다. 단편적인 예지만, 그만큼 세심한 부분까지 만족시킬 수 있도록 고객을 향한 '촉감'을 세워야 한다. 이는 **촉**각(주위에서 일어나는 각종 변화를 감지하는 능력을 비유적으로 이르는 말)과 **감**각(사물에서 받는 인상이나 느낌) 모두를 의미한다.

누가 보고, 읽을까? 읽고 나면 어떤 행동을 하고, 어떻게 생각하게 될까? 앞의 물음과 같이 이런 고민은 기본이자 필수이다. 누군가를 가정하여 쓰지 않으면 이렇게까지 꼼꼼하게 들여다볼 수 없기 때문이다. 광고/마케팅 타깃을 정할 때도 타깃의 성격을 나타내는 디테일한 행동 양식을 기반으로 한다. 개인을 위한 것이 결국 대중을 위한 것이므로 디테일한 타깃 설정이 좋다는 마케팅의 정석처럼, 메시지도 보는 대상을 명확하게 설정해야 한다. 반응을 끌어낼 메인 타깃의 행동 양식과 사고방식을 이해하고, 메시지에 포함하기 위해 페르소나를 세밀하게 설계하자. 이를 바탕으로 타깃을 정의하면 고객 맞춤형 메시지를 완성할 수 있다.

고객 관점의 언어 사용하기

고객은 어떤 메시지에 더 공감할까?

고객 중심과 고객 관점이라는 말이 너무도 흔해지긴 했으나, 고객 관점으로 글쓰기의 중요성은 아무리 강조해도 부족하다. 가장 원론적인 말이지만 그래서 더 쉽게 놓치기도 하는 부분이다. 막상 이를 실제 업무에 대입하면, '어떻게 해야 하지'라는 물음표가 따라온다. 이를 위한 방법으로, 가장 쉽게는 '육하원칙'부터 추가로 고려할 요소까지 입체적으로 살펴보는 것이 좋다. 다음은 메시지 주요 타깃에 대해 미리 생각해 보거나 최종적으로 검토해 보기 좋은 질문들을 정리한 것이다.

01. Who: 우리의 타깃은 누구인가?

02. When: 타깃이 언제 보면 좋은 메시지인가?

03. Where: 타깃이 어디에서 보기를 원하는가?

04. What: 타깃이 무엇을 할 때 보는 메시지인가?

05. How: 타깃이 어떻게 하게 하고 싶은가?

06: Why: 타깃이 왜 그 행동을 할 수밖에 없는가?

+ Interest: 타깃의 흥미를 끌 수 있는가?

+ Useful: 타깃에게 어떤 점이 유용한가?

+ Understand: 타깃이 쉽게 이해 가능한가?

메시지를 읽는 사람을 떠올리면서 구성하고 작성했다 하더라도 한 번 더 확인한다. 이 밖에도 메시지를 누가 읽어야 하는가? 메시지를 읽는 사람이 가장 궁금해할 것이 무엇인가? 언제, 어디에서, 어떤 상황에서 보게 되는가? 폰이나 PC 화면 또는 어떤 매체로 주로 접하는가? 타깃 고객의 니즈와 원츠는 무엇인가? 등 질문할 거리는 많다. 이러한 질문에 답할 수 있는 메시지로 다듬다 보면 고객에게 더 가까워진다. 항상 고객의 관점에서 생각하고 일하는 것이 중요하지만, 정작 고객보다는 내부자에 더 가까운 것이 우리의 현실이다. 기업의 종사자, 메시지 생산자로서 예상하는 것은 실제 고객의 반응과 완전히 같을 수 없다. 그렇기 때문에 항상 고객에게 유용하고 명료한 정보를 담고 있어야 한다.

예를 들어 '드립니다'는 '받을 수 있습니다'로, '배송됩니다'는 '도착합니다'로, '확인하세요'는 '확인할 수 있어요' 등으로 고객 입장의 표현을 권장한다. 강조를 하는 것은 좋지만, 고객이 메시지를 읽을 때 피로하지 않도록 같은 단어의 중복은 피한다. 또한 지나치게 공격적이지 않아야 한다. 톤앤매너가 드러내고자 하는 주요 포인트를 너무 강압적으로 집어넣으려는 의도가 보이게 작성하지 말아야 한다는 것이다.

결국, 메시지의 목적은 전달이다. 마케팅이든 CS든 결국엔 커뮤니케이션이다. 이미지, 버튼, 문구 하나하나가 전달력을 높일 수 있도록 끊임없이 고민해야 한다. 이러한 예로, 랜딩 페이지 Landing Page(인터넷 이용자가 최초로 보는 페이지)의 버튼이나 배너로 소비자의 행동을 유도하는 콜투액션Call To Action, CTA, 가입을 권유하는 이벤트 팝업, 제품 판매 링크 등을 꼽을 수 있다. 과거에는 천편일률적으로 '예/아니오' 또는 'Yes/No'가 전부였다. 그러나 지금은 '뒤로 가기/이동하기/더 자세히 알아보기' 등의 구체적인 버튼 메시지도 종종 볼 수 있다. 이는 고객의 이해와 공감을 이끌어 클릭으로 이어진다.

고객의 마음에 메시지를 심고
꽃피워 열매까지 맺으려면

모든 메시지는 이유가 있어야 한다
이유의 씨앗은 고객이 되어야 한다

마치며

이 책의 앞에서 메시지와 관련된 일과 직업의 종사자를 메시지업자로 지칭했다. 업자는 사실 우리 주변에서 좋은 어감으로 불리지는 않고 있는 표현임을 잘 안다. 사업자나 창업자 등의 용어로는 어색함이 없는데, 건설업자, 부동산업자처럼 특정 분야에 업자를 붙이니 어딘가 낮추어 부르는 듯한 느낌이 들기도 했다. 그럼에도 다른 용어가 아닌 '업자'로 지칭한 이유는, 메시지로 '생계를 유지하기 위하여 자신의 적성과 능력에 따라 일정한 기간 동안 계속하여 종사하는 일'을 하고 있기 때문이다.

앞의 정의처럼 '업(業)'의 표준국어대사전 풀이는 어느 표현보다 사실적이고 직관적이다. 한국어기초사전에서는 업자(業者)를 '사업을 직접 경영하는 사람'으로 정의한다. 업으로서 글을 다루는 메시지 스페셜리스트라면, 글을 쓰는 공간이 곧 사업체이고 이를 경영하는 주인이 되어야 한다는 점에서 격하게 공감하니, 더할 나위 없이 좋은 표현이다. 사전적 의미로 살펴보아도, 결국 부정적으로 느낄 필요 없는 단어 표현이라는 깨달음을 독자들에게 전하고 싶은 욕심도 있었다. 어느새 이 책의 마지막 장을 지나 여기까지 읽은 분이라면, 사전에 정의된 단어 본래의 뜻을 제대로 이해하고 그대로 사용하려는 마음의 싹이 터 있으리라 기대한다.

10년 이상을 메시지 전문가로 일하다 보니, 통찰에 대한 질문을 많이 받는다. 일과 일상에서 자주 듣는 질문에 대해 일일이 답하는 대신 '이 책 안에 다 있다'로 간단하고 뻔뻔하게 답해 보면 어떨까 하는 생각에서 이 책을 구상했다. 앞서 UX 라이팅에 대한 전문 서적이 없다는 것이 책을 내게 된 일종의 씨앗이었다면, 겪은 경험과 얻은 통찰이 각각 줄기와 잎이 된 셈이다. 메시지와 콘텐츠의 스페셜리스트로서 내 일만 잘하며 살고 싶었으나, 내 일을 위해 제너럴리스트가 되어 다른 분야에서도 지식과 경험을 쌓으며 살아남아야 했다. 결국 뼈와 살이 된 기억들을 글로 기록했다. 필자의 의지보다는 떠밀리듯 경험한 변화였지만, 나름 잘했는지 내내 인정받을 수 있었던 나의 업운, 타고난 일복에도 감사하게 되었다.

10여 년 이상 메시지업을 하며 일복과 함께 여러 분야를 두루 경험했어도, 모두 경험했다 말하기 어렵다. 그도 그럴 게 기업에서 메시지로 통용되는 직업군은 생각보다 많다. 가장 대표적인 카피라이터부터 UX 라이터, 에디터, 작가, 작사가, 기자, 편집자, PR 홍보 담당자, 마케터 등이 있다. 업무 영역에 경계가 사라진 요즘은 PO, PM, 기획자, 개발자, 디자이너, 심지어 사업을 총괄하는 부서장과 대표마저 메시지를 직접 다루거나 관여하기 일쑤다. 이번 생에 모두 경험하기란 불가능할 테지만, 메시지 전문가로 이들 모두와 협업할 수 있어서 좋았다.

더욱이 이젠 메시지 스페셜리스트뿐만 아니라 누구나 글을 쓰고 제대로 활용할 줄 알아야 하는 시대다. 고객과 직접 커뮤니케이션하고 메시지를 노출하는 채널과 방법이 많아졌다. 일반적인 광고나 소셜 미디어, 마케팅 메시지뿐만 아니라 문자 메시지, 이메일, 앱 푸시, 챗봇 시나리오, 고객 응대와 대응 멘트 등의 다이렉트 메시지, 그리고 영상 자막, 뉴스 기사, CS 응대, 공지와 안내, UI 시스템 메시지, 제품의 상세페이지 등 모두 열거하기 힘들 정도다. 메시지는 범위가 무척 넓은 개념이라 어떤 것도 UX 라이팅의 영역이 될 수 있다. 그렇기 때문에 기업에서 메시지를 다루는 누구나 전문가가 되어야 하고, 고객에게 노출하기 전과 후 모두 철저하게 관리해야 한다. 다음은 필자가 메시지업을 해 오며 가장 많이 받았던 질문에 대한 답변으로 마무리 인사를 대 신한다.

어떤 메시지가 좋은 메시지인가요?

이런 질문을 하는 분들은 보통 메시지에 대한 모호한 개념을 가지고 있거나 자기만의 기준이 없는 경우가 많다. 좋은 글, 잘 쓴 글에 대한 정답은 없다. 그러나 메시지를 많이 다뤄 본 사람 이라면 이런 정답의 요소가 더 눈에 잘 보인다. 필자는 이렇게 정 의를 내렸다. 기업과 브랜드, 메시지의 목적에 맞춘 최소한의 가 이드와 기준을 따른 것이 '좋은 글'이다. 그리고 메시지의 목적에 따라 높은 효율을 낼 수 있는 것이 '잘 쓴 글'이다. '좋은 메시지' 가 고객에게 노출되어도 '좋은 글'이고, 고객의 행동을 유도하는 '잘 쓴 글'이다.

예를 들어, 마케팅에서는 고객의 흥미를 이끌어 구매나 클릭 등의 행동을 유도하는 메시지가 좋은 메시지이다. CS나 UX에 서는 고객에게 혼란이나 의문 없이 명확하게 이해되고 전달되 어 원하는 예상 범위에서 행동을 하게 하는 메시지가 좋은 메시 지일 것이다. 상황에 따라 가이드나 목적 중 어느 한 쪽에 무게가 더 쏠리기도 한다. 세운 규칙과 가이드는 지킬수록 좋지만, 너무 가이드에만 빠져 전달력을 놓쳐서는 안된다. 어떤 기준이든 예외 상황이 꼭 있기 마련이고, 상황에 따라 유연하게 판단하고 대처

해야 한다. 기본 가이드를 벗어난 유연이 변덕이 되지 않으려면 유연함에 일관성이 있어야 한다. 그런 조건들을 기준화하고 정리해 규칙성과 방향성으로 잡아 꾸준히 높은 수준을 유지하는 것이 정답에 가장 가까운 메시지이다.

기억에 남는 메시지 관련 일화가 있다면?

필자가 근무했던 회사에서는 모든 업무에서 '메시지'가 '메세지'로 잘못 쓰이는 경우가 많았다. 이를 짚어 주어 깨닫길 바라는 마음으로 담당 동료에게 수정을 요청했지만, 대부분 돌아오는 반응은 '그게 다른가요?', '크게 이상있나요?'였다. 본인도 미처 잘못을 인지하지 못하거나, 두 표기의 차이를 모르거나, 중요하게 생각하지 않거나 일테니 불편하면서도 한편으로는 이해도되었다. 이는 일반적으로 가장 많이 헷갈리는 외래어 표기법 중 대표적으로 꼽을 수 있는 표현이기 때문이다. 국립국어원 홈페이지에서 '메시지'를 검색해 보면 더 잘 이해할 수 있다. 어문 규범이나 제안 등을 자유롭게 묻고 답을 들을 수 있는 '온라인 가나다'의 상단에 있는 첫 질문이 바로 "메시지/메세지 옳은 표기법은?"이란 질문이다. 메시지를 메세지로 헷갈리거나 그 차이를 명확히 인지하지 못하는 사례가 그만큼 많음을 알 수 있다. 그에 반해 "규범 표기는 '메시지'입니다."로 시작하는 답변은 상반될 정도로 명확하다. '너무' 당연한 일인데, 그렇지 않은 경우가 메시지업에서 너무 많다.

• 쓸 데 있게 덧붙이는 말:

'너무'는 '기존에 정한 정도나 한계에 지나치게'라
는 의미로 풀이되어 있었다. 어법상 긍정의 표현
에는 사용하지 않는 것이 바른 사용이었다. 그러
나 현실 쓰임을 반영해 2015년부터 '일정한 정도
나 한계를 훨씬 넘어선 상태'라는 의미로 수정되
어 긍정, 부정에 상관없이 사용할 수 있게 되었다.
당연한 상식 같은 언어 규칙일지라도 계속 변하고
있다. 알고 있는 내용도 다시 확인하고, 이런 변화
에 계속 안테나를 세워 확인해야 하는 이유다.

기업에서 수많은 메시지를 다루는 직장인 대부분은 그 차이
를 몰라 구분 없이 사용 중이다. 신문과 방송, 아나운서나 기자,
작가 등 글쓰기나 공공에 노출되는 언어를 주로 업에서 활용하
는 분야에서는 어법 교육 수준이 높지만, 그렇지 않은 분야는 언
어적 지식수준이 모두 다르다는 것을 인정한다. 그리고 사실 기
업 내 소통에서는 문제의 소지가 될 우려도 없다. 그러나 모르면
몰라도 알면서 두고 보지 못하는 직업병도 있는 법이다.

'야채'는 일본식 한자어라는 견해가 있으니 '채소'로 말해야
한다거나(국립국어원에서는 야채를 일본식 한자어로 볼 만한 명확한 근거
는 없으나, 방송 등에서는 논란을 피하기 위해 채소로 표현하고 있다고 안내
되어 있다), '화이팅'은 '파이팅'이 바른 표기이고([f] 발음을 'ㅍ'이 아
닌 'ㅎ'으로 잘못 적는 경우), '파이팅'보다는 '힘내자'라는 우리말이
더 바른 표현이라고 말해야 직성이 풀린다. 현행 외래어 표기법상

'소세지'는 '소시지'고 '바베큐'는 '바비큐'인 것처럼 '메세지'도 '메시지'가 바른 표현이다.

누구나 다 알 만한 기업들의 실무자도, 심지어 글쓰기와 관련된 업무를 하고 있는 메시지업자도 이런 표기의 잘못을 인지하지 못하거나 중요하게 생각지 않음을 알 수 있는 사례들을 자주 접한다. 앞으로 그런 사례들이 더 늘어나지 않았으면 하는 바람을 고스란히 이 책에 그대로 담았다. 공공 언어로서 바른 표기와 어문 규범으로 고객과 커뮤니케이션해야 하는 기업도 사정이 이러하니, 고객 역시 혼동하여 혼용하는 것이 어쩌면 당연한 일이다. 메시지를 관리하는 담당자로서 규범과 표기법에 지나치게 강박하기보다는 언어의 개방성과 균형에도 많이 열려 있는 편이다. 그러나 적어도 '메시지message'만큼은 이 책 앞부분 <들어가며>의 제목처럼 '메세지' 말고 '메시지'로 정확히 알게 되고, 바로 쓰였으면 한다.

UX 라이팅 시작하기

고객 경험 관리를 위한 메시지 가이드

1판 3쇄 | 2023년 1월 30일
펴낸곳 | 유엑스리뷰
발행인 | 현호영
지은이 | 권오형
디자인 | 오미인, 장은영
주　소 | 서울시 마포구 백범로 35, 서강대학교 곤자가홀 1층
팩　스 | 070.8224.4322
이메일 | uxreviewkorea@gmail.com

ISBN　979-11-88314-90-4

이 도서는 저작권법에 의해 한국 내에서
보호를 받는 저작물이므로 내용의 무단전재 및 복제를 금합니다.
파본은 구매하신 곳에서 교환하여 드립니다.

유엑스리뷰는 가치 있는 지식과 경험을 많은 사람과
공유하고자 하는 전문가 여러분의 소중한 원고를 기다립니다.
투고는 유엑스리뷰의 이메일을 이용해주세요.
✉ uxreviewkorea@gmail.com